HISTORIA MÍNIMA DE MÉXICO

HISTORIA MÍNIMA
DE MÉXICO

Daniel Cosío Villegas
Ignacio Bernal
Alejandra Moreno Toscano
Luis González
Eduardo Blanquel
Lorenzo Meyer

EL COLEGIO DE MÉXICO

Portada de Mónica Diez-Martínez

Segunda edición, septiembre de 1994
Primera edición, agosto de 1973

D.R. © Historia mínima de México, 1994
        El Colegio de México
        Camino al Ajusco 20
        Pedregal de Santa Teresa
        10740 México, D. F.

ISBN 968-12-0044-6 (primera edición)
ISBN 968-12-0618-5 (segunda edición)

ÍNDICE

EXPLICACIÓN

LOS TEXTOS que aquí se presentan bajo el título de *Historia mínima de México* fueron redactados primitivamente para que, acompañados de abundantes y llamativas imágenes, se trasmitieran por televisión. Han sido entregados ya con ese fin, y quizás el público pueda oírlos y verlos alguna vez. El hecho de que se destinaran a un público no sólo numeroso (calculado en no menos de un centenar de millares), sino sumamente heterogéneo, nos planteó a los redactores de esos textos un doble problema. Primero, sacrificar sin piedad el material, hechos o ideas, de una importancia secundaria, de manera de perseguir única y exclusivamente lo que consideramos el gran cauce central de nuestra historia. Y segundo, presentar las materias seleccionadas con un lenguaje sencillo y claro. Pero también fue una idea principal que guió nuestro trabajo la convicción de que debiéramos presentar, de preferencia a los nombres de personas y de lugares, así como las fechas, la explicación de cómo y por qué ocurrió en nuestro país lo que en él ha ocurrido.

Justamente con el ánimo de ver si habíamos acertado en hacer una exposición limpia, capaz de atraer y retener la atención de un público numeroso y heterogéneo, di yo a leer algunos de nuestros textos a una persona muy entendida en asuntos de televisión, y de ella partió la idea de que debían imprimirse y presentarse bajo la forma de libro. Aparte de la razón de su claridad y fácil entendimiento, esta persona adujo la experiencia de que se benefician recíprocamente el texto impreso del libro y el texto "imaginado" de la televisión. En nosotros pesaron dos consideraciones adicionales. La primera, que el público en cuyas manos puede caer este libro no será muy distinto del auditorio televidente. Más que nada, sin embargo, consideramos que no parece existir un libro que presente nuestra historia al lector general y no tan sólo al lector escolar. En fin, casi sobra decir que nos ha movido la esperanza de prestar un servicio público, y en manera alguna la pretensión de escribir algo original o sorprendente.

Resueltos los autores a publicar nuestros textos, don Víctor Urquidi, a su vez, decidió que los editara la institución que él preside, o sea El Colegio de México.

DANIEL COSÍO VILLEGAS

15 de marzo de 1973

I. EL TIEMPO PREHISPÁNICO

Ignacio Bernal

LOS ORÍGENES

Hubo varios descubrimientos de América; unos realizados en la inconsciencia y otros en la ignorancia. De todos ellos, sólo dos produjeron resultados de trascendencia. El primero en tiempo —del que nos ocuparemos más adelante— pobló al continente; el último y más conocido, lo hicieron Colón y sus marineros a fines del siglo xv en las tres célebres carabelas. Colón creyó que había descubierto el extremo oriental de Asia, o más bien las islas cercanas a él.

No fue sino en los primeros años del siglo xvi cuando quedó descartada la idea original de Colón y comprendieron los españoles que se trataba de otro continente hasta entonces insospechado por ellos. De inmediato se presentó el problema, que hoy consideramos científico, pero que en esos tiempos era sobre todo religioso, o sea el de conocer el origen de los pobladores de esas tierras nuevas que a poco se llamarían América. De acuerdo con la doctrina cristiana, Dios había creado un solo hombre y una sola mujer, de los cuales descendían todos los habitantes del planeta. Por lo tanto, ¿de cuál de los grupos humanos conocidos descendía el hombre americano? Se postularon innumerables teorías y salvo algunos eruditos notables, como el padre José de Acosta, todos opinaban y presentaban hipótesis que con el paso del tiempo y mayores conocimientos han quedado en el cesto de los papeles inútiles.

Por caminos muy distintos los estudios científicos han demostrado que el hombre, efectivamente, procedió de otro lado. La inmensa mayoría de los estudios en estas materias piensa que llegó a América en lentas y muy pequeñas oleadas por el extremo noroeste del continente, es decir, cruzando el actual estrecho de Bering.

El estrecho que separa a Asia de América tiene hoy en día ochenta kilómetros de anchura con dos islas situadas más o menos en su centro. El viaje, por lo tanto, no es im-

posible para el hombre primitivo, pero presenta dificultades considerables. Éstas desaparecen al tener presentes
ciertos fenómenos ocurridos hace tiempo en nuestro planeta. Durante innumerables milenios y hasta hace unos
diez mil años, sufrió una serie de variaciones en la tempe-
ratura, debidas a causas muy complejas, que produjeron
épocas más cálidas y otras más frías. Como es natural, durante estas últimas, llamadas glaciaciones, aumentó fuertemente el volumen y la extensión de los hielos, de tal manera que los casquetes polares se ampliaron hasta
latitudes bastante bajas. El agua de los hielos tenía que
sustraerse de los mares, así que el nivel de éstos descen-
dió en ciertos momentos por debajo de su nivel actual
hasta unos cien metros. Como el estrecho de Bering no
tiene sino unos cincuenta metros de profundidad, ello
quiere decir que podría atravesarse a pie seco durante estas épocas. No hubo, por lo tanto, dificultad insuperable a
la inmigración del hombre primitivo, excepto las muy bajas temperaturas y los hielos permanentes. Pero debe recordarse que los grupos mongoloides que vivían en el noreste de Asia se habían adaptado a un tipo de vida y
habían desarrollado una modesta cultura que les permitía
sobrevivir en ambiente tan riguroso.

Los datos más recientes sugieren que hace unos 35 000
años algunos hombres asiáticos empezaron a penetrar en
América. No nos imaginemos para nada gritos de euforia al
decir ¡hemos descubierto un nuevo continente! Ni ellos mismos sabían que al perseguir tal vez algún animal durante
una cacería se internaban en lo que hoy es estrecho, pero
que entonces era tierra firme con unos mil kilómetros de anchura. Sin embargo, los mismos hielos que permitieron el
paso a Alaska formaban seria barrera para continuar el viaje
hacia el resto de América. Sólo aprovechando épocas más
calientes, y tomando distintos caminos, pudo el hombre diri-
girse al sur hacia áreas muy distintas. Ellas obligaron a los

primeros grupos a ir cambiando su cultura y su modo de vida en un largo proceso del que poco sabemos.

Por lentos que hayan sido estos viajes, hace 9 000 años ya había habitantes en Patagonia y con fechas anteriores en varias partes del continente.

El hombre primitivo, hasta donde podemos juzgarlo, utilizaba al llegar a América el fuego y fabricaba implementos de piedra que le permitían cortar o taladrar. Con ellos preparaba abrigos de pieles y labraba objetos de madera o de hueso. Probablemente ya hacía canastas, redes para pescar o atrapar pequeños animales, y por lo tanto, tejía cuerdas. Hay dudas sobre si ya conocía el arco o si sólo poseía armas arrojadizas.

Con este mínimo bagaje cultural, el hombre, extendido por todo el continente, empezó, de acuerdo con las condiciones locales, a especializarse en distintas formas de obtener sus alimentos, trabajo que, a más de básico, ocupaba prácticamente todo su tiempo. Lo esencial de la subsistencia, en un número considerable de esos grupos, provenía de la recolección de plantas y frutos silvestres o pequeños animales; otros más bien se volvieron pescadores, viviendo, por lo tanto, de los productos del mar, mientras que otros se dedicaron sobre todo a la caza, atrapando animales de mayor tamaño que escapaban al simple recolector. Pero estas especializaciones no eran necesariamente fijas, sino que, de acuerdo con las posibilidades que presentaban la naturaleza y las diferentes estaciones del año, cada grupo obtenía su comida de cualquier fuente que le fuera accesible.

En estas condiciones, el hombre era un nómada, sin que ello quiera decir que recorriera inmensas distancias. Debió estar organizado por familias que tal vez se reunían, ya sea para una cacería mayor o con algún otro fin, formando así una pequeña banda sin arraigo fijo. Por considerarse que todos eran parientes, necesitaban casarse con miembros de otra banda cercana. Nos es muy difícil darnos hoy cuenta de la vida y más aún de la mentalidad de hombres tan primitivos.

Además, bien pocos objetos han dejado y menos aún hemos encontrado. Muchos de los hallazgos hechos son más bien accidentales. Por todo ello, nuestra reconstrucción de ese pasado remoto resulta siempre esquemática.

En México las exploraciones de Tlapacoya, cerca de la ciudad de México, han demostrado la existencia del hombre en esta región desde hace unos 21 000 años. Poco sabemos de este hombre, salvo que era en parte un cazador, tenía implementos de piedra, aun de obsidiana, y utilizaba el fuego. Hacia 7 000 años antes de Cristo vivió el llamado hombre de Tepexpan, que resulta muy importante porque allí se encontró parte del esqueleto y no sólo implementos. De fechas varias, pero todas bastante antiguas, son los hallazgos en Santa Isabel Iztapan, en Aztahuacan y en Chicoloapan en el valle de México. Salvo por algunos restos humanos y su instrumental lítico, bien poco puede decirse de estas gentes; pero sí demuestran la existencia del hombre en el Altiplano mexicano desde aquellas épocas.

Exploraciones recientes en el valle de Tehuacán nos han dado una secuencia que ya pudiera empezar a llamarse histórica, y que arranca desde un poco más de 7 000 años antes de Cristo. El hombre entonces era tanto cazador como recolector, y atrapaba también una variedad de pequeños animales. Parece que aproximadamente la mitad de la subsistencia provenía de plantas silvestres. Vivía en muy pequeños grupos cambiando su sitio de habitación con frecuencia, de acuerdo con las estaciones. Sus implementos de piedra, aunque bastante rudos, presentan varias formas y técnicas de manufactura, evidentemente apropiadas al fin a que se dedicaban. Es probable que al igual que el primer poblador americano, tallara objetos de madera y fabricara cuerdas, redes y canastas, y tal vez telas muy crudas, si bien utilizaba seguramente las pieles para vestir.

Hacia el año 5 000 antes de Cristo se nota un aumento de la población del valle de Tehuacán. Aunque la subsistencia humana sigue siendo en lo principal la misma, hay una mayor utilización de plantas silvestres que naturalmente cambiaban con las estaciones. Más importante aún, se han encontrado ciertos indicios de un posible principio de cultivación, aunque de ninguna manera podemos aún hablar de agricultura. Hay mucha más variedad en los implementos así como en la utilización de mayor número de productos naturales, y se inician los entierros ya en forma ritual y posiblemente el sacrificio humano.

Para 3 500 antes de Cristo el hombre es en parte agricultor; empieza a plantar y a cosechar maíz, frijol, calabaza, chile y tal vez algunos árboles frutales; pero todavía la mayor parte de su dieta proviene de animales o de plantas silvestres. Ha aumentado algo la población y mucho el número de objetos fabricados. Mejoran mucho las técnicas para hacer redes y canastas, y hay más variedad de objetos de piedra. Por primera vez aparecen los metates que aún empleamos, y que iban reemplazando a la piedra de moler. Aunque en parte nómada, es probable que cada grupo humano viviera buena parte del año en sitios permanentes, uniéndose varias bandas que sólo se dispersaban cuando la naturaleza ya no les producía lo suficiente para alimentarlas. Pero volvían a reunirse en la primavera siguiente. Así, no puede hablarse de aldeas, aunque ya está iniciada la tendencia del hombre a vivir en lugares fijos.

Mil años más tarde ha ocurrido un cambio importante en la manera de vivir: es posible que algunas gentes moraran ya todo el año en aldeas permanentes formadas por casas semisubterráneas, construidas en las terrazas de los ríos. Esto sólo pudo ocurrir si los hombres lograron aumentar la producción agrícola. En efecto, estos productos parecen llegar a un veinte por ciento de la dieta. Además, nacen nuevas especies vegetales domesticadas.

Puede parecer muy baja esa proporción de veinte por ciento que produce la agricultura para la alimentación humana e inferirse de ello que sembraban muy poco. Aunque esto es en parte cierto, más bien se debe a que el producto era mínimo. Cuando hablamos de maíz con mucho la planta más importante en la economía agrícola a través de la historia de México, pensamos en el maíz de hoy, con grandes mazorcas de apretados granos. Pero el de aquella época apenas si consistía en mazorcas no mayores de unos cuantos centímetros en la que crecían pequeños y escasos granos. Es decir, que se hubieran necesitado muchas de ellas para hacer una tortilla como las que hoy comemos. Sólo con el tiempo esta planta fundamental habría de desarrollarse y permitir al hombre vivir de ella. Ya en los milenios civilizados era tal su importancia, que se volvió una especie de planta divina y en las leyendas toltecas 3 500 años más tarde de la época que aquí estudiamos, se pensó que el propio Quetzalcóatl, el gran héroe cultural que dio a todos los hombres los adelantos materiales o espirituales, les había dado también el maíz que en un viaje mítico había robado al viejo dios de los infiernos. Pero todo esto estaba aún en la mente de los dioses en 2 500 años antes de Cristo.

Pocos siglos después aparecen las primeras vasijas hechas de cerámica, principalmente en forma de tecomates, cajetes y ollas, y es posible que ya fabricaran figurillas que más tarde hicieron en gran abundancia. Sin embargo, todavía hacían una gran cantidad de vasijas de piedra, a veces muy finamente terminadas.

La fase siguiente en el Valle de Tehuacán tuvo lugar entre 1 500 y 900 años antes de Cristo. Para entonces, ya está plenamente consolidada una economía agrícola y el hombre es un agricultor permanente que vive en aldeas, a veces merecedoras de llamarse pueblos. Sus casas son de bajareque con techos de palma. Además de las plantas cultivadas ya mencionadas, había domesticado la chía, el aguacate y el zapote, y cultivaban el algodón, lo que por primera vez permite la manufactura de telas muy superiores a las que podían obtenerse de las fibras de maguey.

Establecido ya el sedentarismo, y con el triunfo definitivo del patrón agrícola sobre los que habían dominado antes, el hombre amplía considerablemente sus productos y así hay una gran cantidad de objetos de piedra tanto tallada como pulida y una cerámica bien hecha aunque con un número de formas bastante limitado y que fundamentalmente son las que mencionamos antes. Para entonces también hay abundantes figurillas, no sólo de las del tipo sólido pequeño y bastante primario, sino huecas y mucho más grandes, que muestran la influencia del mundo olmeca que por estas fechas se estaba creando en la costa de Veracruz y que había de elevar a toda Mesoamérica hasta un rango de civilización insospechado por los antiguos habitantes del valle de Tehuacán cuya historia se ha esbozado aquí.

Si bien nuestros datos provienen principalmente de esa área, hay buen número de indicios que sugieren que un proceso tal vez no idéntico, sino similar, estaba ocurriendo en varios lados, y que la mitad sur de México y norte de Centroamérica se estaba adelantando a sus vecinos al establecerse claramente como una sociedad agrícola, sedentaria y con una organización social que tal vez ya podemos llamar tribal. Por otro lado, la aparición de estas figurillas o de entierros rituales no señala necesariamente una verdadera religión, que sólo nacerá después, pero sí la existencia de una magia que en parte le servirá de base y que tanto tendrá que ver en la cultura de esa área que llamamos Mesoamérica, es decir, la América Media. En ella desde poco antes del año 1 000 antes de Cristo se inicia el paso hacia la civilización.

2

EL MUNDO OLMECA

EN EL MUNDO RURAL descrito en el capítulo anterior, todavía primitivo, se aprecian una serie de transformaciones fundamentales que habrán de producir el mundo urbano que más tarde dominará en Mesoamérica. Ocurren en varias zonas: Oaxaca, Chiapas, la Costa Pacífica de Guatemala, pero sobre todo en la región costera del Golfo de México que hoy forma la parte sur del estado de Veracruz y la colindante de Tabasco.

Salvo por un macizo montañoso, los Tuxtlas, cuyo promedio de altura es de unos 500 metros, el área es plana. La formó el acarreo de los grandes ríos que bajan de la sierra, y a lo largo de muchos milenios fue ensanchándose a expensas del golfo mismo. De aquí que la planicie no contenga roca sino tan sólo aluvión. Esta zona, que comprende unos 18 000 kilómetros cuadrados, definidos tanto por la cultura como por la geografía, se llama el área olmeca, y olmeca al pueblo que durante el primer milenio antes de Cristo habitó allí. En realidad, este nombre es incorrecto, ya que corresponde históricamente a grupos muchos más recientes y es palabra náhuatl, idioma que no se hablaba entonces en esa zona. Olmeca significa habitante del país del hule. La región aún hoy en día está, al revés de lo que ocurre generalmente en México, cruzada por grandes ríos que causan frecuentes inundaciones, además de ser muy abundantes las lluvias. Todo ello forma numerosas lagunetas y pantanos que le dan en ciertas épocas del año un carácter semiacuático. Estos elementos físicos habrían de influir en diferentes formas sobre el desarrollo del pueblo olmeca.

Se calcula que en esa región vivían entonces unas 350 000

personas. Hoy nos parece un número muy reducido de habitantes, pero resulta enorme si pensamos en una economía cuya base era una agricultura bien modesta, del tipo llamado de roza, que consiste en desmontar una superficie y sembrarla. No emplea irrigación. En pocos años la tierra ya no produce y hay que abrir nuevas partes de selva. Por otro lado, podían obtenerse buenas cosechas en las márgenes de los ríos y hay que añadir caza, pesca y recolección. Parece evidente que en cierto modo fue la presión demográfica la que obligó a los olmecas a buscar otros ingresos, de los que se hablará después. Estos cambios, a su vez, llevaron forzosamente a una nueva organización social y política.

Hasta ahora no ha sido posible recobrar un solo esqueleto humano que corresponda a esa época, por lo que nuestra visión de la apariencia física de los olmecas tiene que basarse en las representaciones humanas que dejaron en esculturas monolíticas o en figuras pequeñas. Tenemos, además, a los actuales habitantes de la región, que, por mucho que hayan cambiado, conservan aún ciertas características similares a las que aparecen en el arte antiguo, lo que afirma la hipótesis de que estas representaciones de piedra reprodujeron con cierta fidelidad el tipo que entonces habitaba esa región.

Se trata de gente de cuerpo sólido y bajo, con tendencia a la gordura, de cabeza redondeada con la cara mofletuda, de ojos oblicuos y abotagados, que indican claramente la descendencia mongoloide. La nariz es corta y ancha y la boca de labios gruesos y comisuras hundidas, con fuertes mandíbulas. En las esculturas el cuello desaparece enteramente o es muy corto. Esta gente logró el extraordinario avance que creó Mesoamérica y su civilización.

Los sitios más importantes explorados son La Venta, San Lorenzo y Tres Zapotes. Aunque con bastantes diferencias entre sí, hay rasgos comunes y objetos similares que nos permiten asegurar que corresponden al florecimiento del mundo olmeca entre 1 200 y 500 años antes de Cristo. Ya existen allí edificios para usos ceremoniales y una planificación intencional, todo ello en contraste con las viejas aldeas, encontradas, por ejemplo, en el valle de Tehuacán, donde sólo había humildes casas sembradas en desorden.

La Venta es el mejor ejemplo. El centro de la ciudad —si es que podemos llamarla así— está construido a lo largo de un eje que va de norte a sur y a cuyos lados, en forma bastante simétrica, están colocados los monumentos. Es interesante notar que esta planificación de La Venta, por incipiente que haya sido, marcará la forma que en el futuro tomarían las grandes ciudades del Altiplano mexicano. La propia Teotihuacan se inicia también con un eje que va de norte a sur, y que parece derivar, si bien en forma indirecta, de una idea olmeca. En cambio, la arquitectura olmeca es bastante modesta porque no se contaba con piedra y, por lo tanto, sus edificios están hechos de barro, aprovechando yacimientos de distintos colores con los que construyeron pirámides de formas un tanto indefinidas. En La Venta también se utilizaron grandes columnas naturales de basalto traídas de la sierra de los Tuxtlas. Con ellas formaron los límites de un patio central y construyeron una tumba monumental que más bien recuerda una casa hecha con troncos de madera. Este tipo de arquitectura, con tan limitadas posibilidades, no había de tener éxito, y no se repite en los sitios donde se encontró piedra para construir.

Nada sabemos de las casas donde vivía el pueblo, ni siquiera de las habitaciones de los jefes. Probablemente fueron de madera o de bajareque con techos de palma. La vida del olmeca transcurría dentro de un marco modesto muy distinto del que mil años más tarde veremos en Teotihuacan. Con todo y esto, por primera vez podemos pensar en que el hombre se está elevando de una cultura rural a los principios de una vida urbana; ello creó una serie de nuevos y a veces formidables problemas que era necesario resolver.

La escultura olmeca llegó rápidamente a una perfección técnica y artística que nunca fue superada en Mesoamérica y que tal vez sólo igualaron algunos pueblos como el maya o el mexica. Es curioso que habitantes de un área carente de piedra se hayan inmortalizado precisamente por los grandes monolitos de piedra que esculpieron con profusión. Enormes bloques tuvieron que ser traídos de fuera para que los artistas olmecas tallaran cabezas colosales, altares, estelas y numerosas otras piezas de las que felizmente se ha conservado un número considerable.

Tal vez las más conocidas y espectaculares sean las cabezas colosales de las que se han descubierto trece. La mayor tiene tres metros de altura. No hay que creer que son estatuas incompletas, sino concebidas y ejecutadas como cabezas, al igual que más de dos mil años más tarde un artista azteca labró la cabeza de la luna. Se ha dicho que son retratos de jefes o de guerreros, o monumentos levantados en honor de personajes muertos, o bien que representan dioses. En realidad no estamos seguros de su verdadero significado.

Casi tan impresionantes como las cabezas son los altares monolíticos de los que tenemos cuando menos nueve. Tienen una forma rectangular con figuras o escenas frecuentemente esculpidas en los lados. Un tema que se repite es el de un personaje que parece salir de un nicho o de una cueva y que lleva un niño en las manos. Otros altares, muy distintos, están decorados al frente con atlantes en alto relieve. Son así los ejemplos más antiguos de figuras humanas que soportan altares o techos que tantas veces se repetirán después. Pero los atlantes olmecas aún no son de bulto redondo como lo serán los de Chichén Itzá o de Tula.

Las estelas, muy distintas unas de otras, son, como su nombre lo indica, una gran piedra más o menos plana con motivos esculpidos en bajo relieve. Las de Tres Zapotes incluyen varias figuras que tal vez relaten escenas bélicas, pero las más bellas, aunque hoy en mal estado, son algunas de La Venta. En la Estela 2 vemos un majestuoso personaje ataviado con un altísimo tocado que parece antecedente de los sacerdotes o reyes de las estelas mayas. En la Estela 3 hay dos figuras centrales de las cuales una es particularmente notable porque representa un individuo de rasgos que parecen semíticos, muy distintos, por lo tanto, a los que encontramos en el arte olmeca. Por eso se ha dicho que pudiera ser la imagen de un visitante distinguido. Alrededor de ambas hay figuras más pequeñas llenas de movimiento y en actitudes muy variables. Quizás representen a los chaneques, esos espíritus jocosos y maléficos que todavía aparecen con frecuencia en el folklore local.

Aunque más tardía, la pieza más importante de este grupo es la Estela C de Tres Zapotes, cuyos fragmentos lamentablemente están aún en dos lados y no han podido reunirse por un absurdo sentido de campanario. Su importancia deriva de que contiene la fecha completa más antigua conocida hasta ahora en todas las Américas, escrita con el sistema que más tarde habrían de utilizar las estelas mayas. Este sistema, increíblemente avanzado, señala no sólo un cómputo de tiempo que se remonta a casi tres mil años, sino un logro matemático positivamente extraordinario, ya que supone el conocimiento y el uso del concepto del cero, sin el cual es imposible numerar por posición. Recordemos que ni siquiera los romanos lo sabían, y de allí sus grandes dificultades para llevar a cabo operaciones que no fueran muy sencillas. Así, el mérito de este invento, que siempre se había atribuido a los mayas, más adelantados en otras cosas, debe considerarse una gloria olmeca.

Se han recobrado más de veinte estatuas de bulto redondo que representan hombres desnudos, salvo que a veces visten un taparrabo o un cinturón, y algunos llevan casco y collar. Por lo general están sentados con las manos descansando sobre las rodillas o sobre las piernas, pero a veces las tienen sobre el pecho o a los lados del cuerpo. Algunos sostienen objetos que parecen cofres o una barra cilíndrica. Tal vez el más notable, aunque pequeño, es el llamado Luchador de Santa María Uzpanapa, una de las grandes obras del arte olmeca. En todos ellos hay una evidente unidad de estilo, por mucho que las diferencias sean claras entre una pieza y otra. Junto a esta gran escultura están las pequeñas, realizadas en jade o en piedras finas. De extraordinaria delicadeza, pero dentro de un estilo indudablemente idéntico al de los monolitos, indica que todos provienen de la misma cultura, aunque no sean estrictamente contemporáneos. En jade también, hicieron los olmecas numerosos adornos y varios objetos hasta ahora únicos.

Miguel Covarrubias ha dicho:

[...] el arte olmeca tiene simplicidad y realismo sensual en las formas, fuerza y espontaneidad en los conceptos. Los artistas olmecas se deleitaban en la representación de seres humanos concebidos con formas macizas, sólidas y rechonchas. Gustaban de las superficies lisas y muy pulidas, apenas interrumpidas por líneas incisas para indicar rasgos suplementarios como tatuajes, detalles del vestido, adornos o glifos. Estas líneas son sobrias y precisas con un estilo casi geométrico, de curvas suaves y rectángulos redondeados.

En todas estas creaciones hay un elemento muy constante, que es el jaguar, o más bien la combinación del hombre con el animal. Así como siglos más tarde las culturas de origen náhuatl tomarían el águila como su símbolo, los olmecas dedicaron todo su fervor, o su terror, al jaguar. Aparece en todas partes como animal o como personaje semihumano. El concepto de la asociación de un hombre con un animal es básico en el pensamiento mesoamericano. Asociación íntima, necesaria, puede decirse. El nahual es la creencia mágica de que la vida individual está unida a la suerte de algún animal que es el nahual de ese individuo. Pero el animal mismo se deifica en parte, puesto que es, asimismo, el nahual de un dios, o tal vez el dios tiene también su nahual, con el cual se le representa. Así aparece entre los olmecas el hombre-jaguar o el dios-jaguar, mientras Quetzalcóatl en Teotihuacan es el dios-pájaro-serpiente, y más tarde los Tezcatlipocas serán un dios-águila, que es el sol mismo.

El olmeca tenía particular interés en seres patológicos, enanos, jorobados, enfermos, o en producir deformaciones artificiales de la cabeza o de los dientes del hombre. Todas estas ideas habrían de continuar y las encontramos en muchas partes de Mesoamérica.

Está demostrada una considerable difusión del estilo olmeca. Muy probablemente se debe a dos causas: el comercio y la religión. Como se dijo antes, la simple base agrícola no pudo sustentar a un pueblo ya complejo como lo era el olmeca, y es probable, por lo que sabemos de culturas posteriores y por algunos indicios más concretos, que el comercio supliera esa deficiencia, trayendo y llevando innumerables productos hacia muchas otras zonas. Pero es posible también que otros pueblos atribuyeran el éxito olmeca al poder de sus dioses, y sobre todo al jaguar. Por ello no solamente se exportaría esta creencia, sino que otros grupos se verían atraídos hacia la región olmeca, haciendo peregrinaciones en honor de sus dioses poderosos.

Todo lo que hemos visto supone una sociedad mucho menos homogénea, dividida ya en clases sociales, y en la que forzosamente hubo especialistas que tallaban la piedra o el jade, construían los monumentos o se dedicaban al comercio y tal vez a la guerra o la religión. Nada sabemos de la organización política olmeca, pero es probable que el área no formara un solo estado sino que estuviera dividida entre una serie de ciudades-estado, en alguna forma unidas entre sí, lo que no supone que faltaran rivalidades internas.

Unos cinco siglos antes de la era cristiana, empieza la larga decadencia, durante la cual poco a poco el área olmeca pierde su cohesión y su posición preponderante. Pero todavía se logran objetos magníficos, aisladas supervivencias de la antigua y espléndida civilización. Como una contribución postrera aparece el invento más notable de todos, el del calendario y las matemáticas que usan el cero, como ya se ha indicado. Parece que aquí, como en el caso de otras civilizaciones, algunos de los frutos más bellos se logran cuando ya el árbol está a punto de morir.

Es difícil decidir cuáles fueron los motivos de la decadencia olmeca. Posiblemente la presión de otras áreas, ya para entonces muy desarrolladas, minó su fuerza, o bien el grupo creador se había convertido más bien en opresivo, lo que causó un desasosiego interno y situaciones que a la larga debían de llevar a su fin a esta primera gran época mexicana. Muerta la cultura olmeca, el área en que floreció nunca recuperó su importancia, y el gran foco cultural se vuelve sólo una luz marginal que ya no iluminará el curso de la historia de Mesoamérica.

3

TEOTIHUACAN Y LA SOCIEDAD URBANA

SOBRE LAS RUINAS del mundo olmeca empieza a surgir, dentro del área maya, en Oaxaca y Veracruz, pero sobre todo en los altos valles centrales de México, una serie de culturas emparentadas, aunque cada una con rasgos muy distintos. Habrían de llevar a Mesoamérica hasta su cúspide más alta. En conjunto, duraron desde la época de Cristo hasta el año 900 más o menos.

Sería imposible ocuparse de todas ellas en este capítulo; sólo puede intentarse describir la que resultó más poderosa, y cuyos efectos aún vivimos los mexicanos de hoy. Es la teotihuacana, centrada en los valles de México y de Puebla. No sólo recoge la antigua herencia, sino que va mucho más lejos y sobre ella construye un gran edificio, una civilización urbana como nunca antes habían conocido las Américas.

Pero empiécese por el principio. Hacia 400 años antes de Cristo, pequeñas aldeas vivían dispersas en el área que después fue la ciudad. Poco a poco se fueron reuniendo a partir del siglo II antes de Cristo, ampliándose hasta formar un pueblo grande, con unos 10 000 habitantes, un tanto dispersos. Para entonces, lo que había sido el centro más importante del valle de México, Cuicuilco, había desaparecido cubierto por la lava que arrojó el Xitle. Vecinos de aquí y de otros lados se fueron congregando en el futuro Teotihuacan, atraídos por manantiales que permitían una mejor agricultura y por incipientes industrias, como la de la obsidiana, cuya explotación se volvía cada vez más fructífera.

En los dos siglos que preceden a nuestra era, Teotihuacan empieza a tomar la forma de una ciudad. Ocupa unos veinte kilómetros cuadrados, y tiene tal vez unos cincuenta mil habitantes. Se nota gran actividad constructiva, pues no sólo llega a su altura actual la pirámide del Sol y queda completo el edificio interior de la de la Luna, sino que los teotihuacanos trazan cuando menos la parte norte de la Calle de los Muertos. La orientación norte-sur de la ciudad aun con una diferencia de grados no deja de recordar la orientación de La Venta, sugiriendo así una herencia ancestral.

Con todo ello Teotihuacan declara su pretensión a convertirse en el gran centro religioso con las muchas consecuencias que ello significa. Ofrece desde entonces una atracción inigualada a pueblos cercanos y cada vez más lejanos que en mayor número giran alrededor de la órbita teotihuacana. Pero esto y los cambios que significa se vuelven evidentes entre el primero y el cuarto siglo de nuestra era. Para entonces Teotihuacan es ya una gran ciudad por más que la superficie ocupada no aumenta sus veinte kilómetros cuadrados, pero con mucha mayor concentración de construcciones y por tanto de población.

Entonces aparece una organización política, un estado con pretensiones imperiales. Se lanza a una serie de conquistas o cuando menos de incursiones comerciales que lo llevan a Oaxaca y Veracruz y hasta Guatemala. Su poder se extiende sobre pueblos diferentes, subyugados por la conquista militar, o atraídos por el comercio y el prestigio cada vez mayor de la gran ciudad y de los dioses que la presiden.

Estas extensiones lejanas son posibles, no tanto por la existencia de la ciudad cuando porque ésta ha logrado rodearse de una vasta zona metropolitana reconocible porque en ella sólo existe la cultura de la metrópoli. Fue constituida por los valles de México y Puebla-Tlaxcala con extensiones hacia Tulancingo en Hidalgo y posiblemente Tehuacán. Con ello creó un poderoso centro de acción que no lograron crear sus sucesores toltecas y mexicas. Cholula fue la segunda ciudad de la zona; aseguraba el control sobre el área, tal como a partir del virreinato, Puebla fue la segunda ciudad de Nueva España.

Durante este tiempo la ciudad misma de Teotihuacan queda planificada cuando menos en sus grandes líneas, con la prolongación en tres kilómetros más hacia el sur de la Calle de los Muertos y la apertura de las avenidas este y oeste. Así se forma una gran cruz que divide la ciudad en cuarteles. Al centro estaba el gran conjunto, formado por el templo de Quetzalcóatl y el enorme cuadrángulo frente a él, lo que probablemente fue el palacio y, al otro lado de la calle, el mercado rodeado de numerosas construcciones que parecen haber estado dedicadas al gobierno de la ciudad y del imperio. La prolongación de la Calle de los Muertos cortó enteramente el paso más fácil entre los valles de Puebla y México. Así, viajeros y mercaderías tenían que cruzar la ciudad, lo que permitía un mayor control sobre los dos valles y aumentaba el volumen del comercio.

Entre los muchos edificios de esa época está el conjunto monumental de la pirámide de la Luna —ya terminada— y la sensacional plaza que la separa de la Calle de los Muertos. Lograron allí los teotihuacanos una de las plazas más bellas del mundo, y un triunfo excepcional de la arquitectura ritual mesoamericana. Otro triunfo similar es la fachada esculpida del templo de Quetzalcóatl.

Estos edificios y muchos más corresponden a un nuevo estilo de arquitectura en donde los basamentos piramidales alternan en su exterior, taludes inclinados y tableros verticales que se repiten cuantas veces sea necesario para llegar a la altura deseada. Ya todos los monumentos son de piedra y están recubiertos de una capa de cal que permite cubrirlos de pinturas murales o simplemente de colores lisos. Así, la piedra desaparece totalmente de la vista y lo que hoy vemos como unas ruinas de color ocre, era para los habitantes de entonces una ciudad llena de color. Tanto en interiores como en exteriores numerosos frescos representan escenas a veces muy bellas como la de los "animales mitológicos". La idea de murales había de tener gran éxito y multiplicarse en los siglos siguientes.

A esta época también corresponden grandes esculturas monolíticas como la diosa del agua o el llamado Tláloc, ahora frente al Museo Nacional de Antropología.

Los enormes cambios en la ciudad no se concretaron a los edificios públicos. Las antiguas modestas casas fueron remplazadas en muchos lados por vastos conjuntos con muros de piedra y techos de vigas de madera. Todo ello aplanado con cal y a veces decorado con almenas. La naturaleza de estos conjuntos, obviamente residenciales, es, sin embargo, un poco confusa. En ocasiones se han llamado palacios, nombre correcto cuando se trata de la habitación de algún personaje, pero en muchos casos están divididos en grupos de piezas, lo que indica que son apartamentos donde vivían diferentes familias. Relacionadas entre sí por nexos de sangre o sólo tribales, formaban un grupo con su templo común situado en el conjunto mismo.

Pueden delimitarse claramente algunos barrios tanto por la ocupación de los que en ellos vivían como por su procedencia. Hay barrios de gente dedicada a la alfarería, a las figurillas o a producir objetos de obsidiana. Conocemos talleres de ceramistas, lapidarios, operarios de materiales como la concha o la pizarra, albañiles o estucadores. Muchos otros, por supuesto, no dejaron rastro.

Muy interesantes son los barrios de extranjeros. Es notable el de los venidos del valle central de Oaxaca. Hasta contiene una tumba al estilo de Monte Albán, lo que está fuera de las costumbres de los teotihuacanos, que nunca construían tumbas, sino enterraban a sus muertos en fosas o los incineraban, costumbre fatal para la arqueología.

La ciudad llega a su apogeo entre 350 y 650 años después de Cristo. El área no aumenta, pero las habitaciones se unen cada vez más y es probable que tuviera entonces unos doscientos mil habitantes. A nosotros, acostumbrados a ciudad de millones, esta cifra parece insignificante; pero a la mitad del siglo VII el planeta no tenía sino una fracción de los habitantes que hoy tiene, y las ciudades eran infinitamente menores. Roma, caída de su antiguo esplendor, iba perdiendo su población a tal velocidad que en el siglo x no llegaban ni a los diez mil habitantes. En toda Europa, con la excepción de Constantinopla, que era muy grande, ninguna otra pasaba de los veinte mil. Changan, la capital del Imperio de Tang en China, parece haber sido mucho mayor que Teotihuacan según los planos, pero probablemente nunca se completaron. Fue, sin embargo, la ciudad más populosa de su época. En África, o en el resto de América, no había nada parecido.

El tamaño de la ciudad y la densidad de su población exigen una organización compleja, netamente estatal. Es imposible gobernar a ese número de habitantes y a vastos territorios con las técnicas habituales en una sociedad tribal. Además, ya la sociedad teotihuacana estaba formada por diferentes clases sociales. Los miembros de las más bajas eran los habitantes del barrio —artesanos o pequeños comerciantes— que aún seguían unidos por viejas ligas familiares y que poseían tierras en común cuando eran agricultores. Sin embargo, ya los barrios teotihuacanos eran urbanos mucho más que rurales. Muchos estarían agrupados en cada uno de los cuarteles de la ciudad. El hecho de que fueran cuatro, tal vez recordaba la antigua división tribal ya superada. El grupo menor lo forma la familia que vive en su casa o en su departamento; el segundo es el barrio, que reúne a varias familias, y el tercero es cada uno de los cuatro grandes sectores de la ciudad, que comprende a varios barrios. Esta pirámide en tres niveles superpuestos está coronada por la sociedad imperial que remataba la cúspide del edificio social; era la que detentaba el poder, los conocimientos y el prestigio sacerdotal. Pero entre la sociedad imperial y los barrios había tres grupos humanos de posición desconocida para nosotros, aunque bastante elevada en la escala social. El primero estaría formado por los mercaderes, no los que en día de plaza ponían su modesto puesto en el mercado, sino aquellos que se lanzaban a lejanas expediciones trayendo y llevando muchos productos. Los de materias perecederas han desaparecido y sólo encontramos rastros de ellas en los murales donde vemos, por ejemplo, el cacao, el algodón o las plumas de quetzal. Ciertos objetos de lujo hechos en jade o piedras finas se han conservado. Tal vez estos grandes mercaderes traían también los tributos impuestos a los pueblos sometidos.

El segundo grupo, formado por los militares, rara vez aparece representado, por mucho que debió ser grande su importancia. Mucho se ha dicho que Teotihuacan era una teocracia pacífica que gobernaba un estado donde la guerra casi no tendría cabida. Aunque la guerra no parece haber sido un estado crónico, como lo fue después, es inverosímil que haya existido un estado poderoso sin defensa armada o que haya podido expandirse sin recurrir al soldado. Aunque aislados, hay en Teotihuacan elementos relacionados con la guerra. Un fresco representa hombres armados. Una serie de encuentros sugieren el sacrificio humano o la sangre como elemento precioso. Todo ello en Mesoamérica es parte de la guerra, ya que los prisioneros eran las víctimas más propicias al dios.

La causa de la aparente falta de militarismo en Teotihuacan puede provenir de que el militar y sus actividades no tenían gran prestigio, como lo tuvieron después; el prestigio de las victorias sería del sacerdote, ya que las ganaba el dios.

Los sacerdotes formaban el tercer y más importante grupo. Además de su carácter religioso, detentaban la alta cultura y los conocimientos superiores. Dirigían los planos de los edificios, señalaban los días de fiesta y de las ceremonias; tenían que ser expertos en astronomía y matemáticas para llevar ordenadamente el calendario y medir el tiempo. Eran probablemente los únicos que sabían escribir y los encargados de dirigir las grandes composiciones murales que por este motivo se relacionan casi siempre con temas religiosos. Y la religión estaba en el centro de todo. La gente de cerca o de lejos no venía a Teotihuacan sólo por intereses comerciales, sino porque ésta había logrado una impresionante monumentalidad. Fue la base de la atracción estética y emocional que durante tanto tiempo ejerció la religión teotihuacana. Todos debieron estar fuertemente impresionados por esos dioses tan poderosos que habían permitido semejante grandeza. Venían numerosos peregrinos a pedir favores a los dioses omnipotentes. Como los turistas de hoy, contribuían al auge de la ciudad.

Es indiscutible que estamos ante una sociedad realmente urbana dividida en clases sociales y grupos profesionales, con una complicada economía y presidida por un estado político por mucho que no sepamos cómo estaba formado. Ello equivale a decir que se trata ya de una civilización completa.

Entre 650 y 700, Teotihuacan es invadida, incendiada y saqueada y en parte destruida de propósito. Las huellas del incendio final son claras en muchos de los templos a lo largo de la Calle de los Muertos y particularmente en el Quetzalpapalotl, ese espléndido palacio sacerdotal. Allí el invasor no se conformó con quemar los techos, sino que las maravillosas columnas esculpidas con la efigie del dios fueron desmanteladas y sus piedras enterradas en un socavón abierto en el patio. Igualmente la escalera monumental de la pirámide de la Luna fue destruida adrede y las grandes piedras de los escalones —hoy repuestas en su sitio original— fueron arrancadas y esparcidas por la plaza. Muchas de las ofrendas valiosas que se acostumbraba colocar frente a los templos al hacer su construcción fueron saqueadas de tal manera que ahora sólo quedan las cajas vacías.

El saqueo fue más desastroso para la gran ciudad que trece siglos de abandono a la naturaleza y a la rapiña humana. No conocemos las razones de este acontecimiento que conmovió a Mesoamérica, quién fue el perpetrador del atentado y las causas que lo permitieron. Es evidente que durante los últimos años de su grandeza, Teotihuacan empezó a perder parte de su zona metropolitana, y la más importante, ya que el valle de Puebla parecer haber sido conquistado por nuevas gentes que lo separaron de la hegemonía teotihuacana. Asimismo, los lazos con lugares lejanos desaparecen o se reducen.

Es posible que el debilitamiento interno de la ciudad —sin el cual su caída parece inexplicable— se deba a que allí vivían varios grupos distintos. Algunos estarían descontentos de estar sujetos a otros. Pero hay indicios de que la causa principal pudo iniciarse con una excesiva centralización de todos los poderes en la ciudad, lo que causó el desafecto del pueblo hacia los gobernantes. Éstos, los representantes de los dioses sobre la tierra, de haber sido una minoría creadora, se habían convertido en una minoría opresiva. Esos sacerdotes, que al principio dieron un impulso enorme a la cultura y a los adelantos materiales logrando obras de arte maravillosas, ya obtenido el triunfo, apenas pensaron en conservar su poder y se fosilizaron perdiendo su fuerza interior y quedando sujetos a ser víctimas del primer audaz que osara atacar la ciudad.

¿Quién pudo ser ese primer audaz? Es posible que hayan sido otomíes que vivían hacia el norte y noreste de la ciudad. Seguramente ya no eran nómadas, pues su largo contacto con Mesoamérica había elevado su cultura; sin ello no hubieran tenido la fuerza suficiente para vencer a una nación poderosa y organizada. Se ha hablado mucho también de causas naturales, como cambios climáticos que produjeron un clima más seco, limitando por lo tanto las posibilidades agrícolas. No es probable que esta fuera la causa, aunque el corte incesante de árboles durante muchos siglos había desmontado los cerros dejándolos deslavados e inútiles.

Cualesquiera que fueran los motivos y los agentes del desastre, el hecho es que muere Teotihuacan y termina esa gran cultura. Pero habría de dejar una herencia inmensa que afectó la historia posterior —hasta nuestros días— y creó una leyenda cuyas repercusiones apenas terminaron en tiempo de la conquista española.

Con su caída se inicia una reacción en cadena que habría de precipitar el fin de Monte Albán y de todo el gran periodo maya en el curso del siglo IX. Muchos habitantes emigran a otros lados y llevan consigo su cultura. Habían de formar algunos de los nuevos pueblos que surgirían más tarde. Pero, sobre todo, los conquistadores de la ciudad, instalados en sus ruinas —en condiciones bien inferiores con pisos de lodo y casas de adobe— habrían de tener la posibilidad de vivir junto a los teotihuacanos que allí permanecieron. De la mezcla cultural de ambos habría de salir el nuevo periodo de la historia de México que llamamos Tolteca. En efecto, toman de Teotihuacan numerosos rasgos culturales que pasarían más tarde a los mexicas. Durante este proceso de aculturación los recién llegados olvidan sus verdaderos orígenes y en forma muy característica de Mesoamérica llegan a sentirse no sólo los descendientes sino aun los representantes de la pasada gloria.

Con ello la historia se convierte en mito, en un pasado legendario en el que ya no son hombres quienes crearon la gran ciudad sino gigantes y los propios dioses. De aquí el nombre de las colosales ruinas. Teotihuacan significa lugar de dioses o lugar donde se hacen los dioses. Parte de este proceso de deificación está relatado en la leyenda del Quinto Sol.

Cuenta la leyenda que a Teotihuacan alumbraba el Cuarto Sol (los tres anteriores habían perecido antes). Cuando éste muere y con él todos los hombres, los dioses, desesperados porque no había quién los honrara, se reunieron en Teotihuacan y uno de ellos se convirtió en Sol y otro en Luna. Son los que todavía nos alumbran y corresponden a toda la era histórica. La leyenda explica por qué el propio Moctezuma II iba anualmente a hacer un peregrinaje y mandó erigir un adoratorio cercano a la pirámide del Sol. Deseaba implorar a esos dioses teotihuacanos, desconocidos, pero tan poderosos.

Aunque tan disminuida Teotihuacan siguió teniendo prestigio cuando menos al principio de la Colonia, y los señores de Texcoco se ufanaban de poseerla. Prestigio bien merecido de la primera sociedad urbana y realmente civilizada que existió en lo que ahora es México. Con Teotihuacan se forma la civilización indígena del Altiplano; es la que hemos heredado y la que se ha vuelto mexicana. En efecto, sin su gran triunfo todo hubiera sido distinto y nosotros mismos no viviríamos en esta región a dos mil doscientos metros de altura que desde Teotihuacan se ha convertido en el centro geopolítico del mundo que los mexicas llamaban el Anáhuac.

4

EL FIN DEL MUNDO INDÍGENA

Como consecuencia de la caída del imperio tolteca se formaron una serie de estados, grandes algunos, muy pequeños otros, que se mantuvieron en continuas guerras. Esta situación duró hasta principios del siglo xv. Entre ellos vivía un grupo insignificante que incorrectamente llamamos azteca, cuyo nombre debe ser mexica. Había llegado con esa avalancha de emigrantes provenientes de diferentes regiones que destruyeron el imperio tolteca y se establecieron sobre sus ruinas. Hacia la segunda mitad del siglo xiii, los mexicas entraron en el valle de México. Prácticamente toda la tierra estaba ocupada por naciones en parte descendientes de los antiguos teotihuacanos y en otra formadas por los recién llegados.

En 1276 los mexicas se establecen en Chapultepec, donde duran algún tiempo, hasta que perdieron una terrible batalla y fueron llevados como prisioneros a Culhuacán, donde reinaba una dinastía de ascendencia tolteca. Los culhuas dieron a los mexicas tierras cerca de Tizapán con la esperanza de que fueran destruidos por la enorme cantidad de serpientes que allí vivían. Pero con la típica ironía de la historia mexica, éstos, dice la crónica, se alegraron al ver las serpientes, que se comieron gustosos.

En 1325 se establecen en esa pequeña isla, parte de un archipiélago en el lago de Texcoco, que con el tiempo se volvería la ciudad de Tenochtitlan. El instalarse aquí indica su pobreza pero demuestra también su fe, su valor y su tenacidad. Precisamente por su poco atractivo, la isla no había sido habitada sino ocasionalmente, y no pertenecía a ninguno de los reinos vecinos. Con todo, los mexicas durante bastante tiempo tuvieron que ser vasallos del poder más importante de entonces, los tecpanecas de Azcapotzalco.

En 1376 los mexicas tienen un verdadero monarca, descendiente, a través de Culhuacán, de la sangre real de los toltecas. Esto había de ser importante con el tiempo. Con su cuarto rey, Itzcóatl, que gobierna de 1427 a 1440, se unen a otros poderes y vencen a los tecpanecas. A partir de ese momento y por primera vez, los mexicas son realmente independientes. Entonces empieza su carrera imperial. El verdadero fundador del imperio es Moctezuma I, que reina hasta 1469. Era hombre de verdadero talento. Sus campañas victoriosas lo habían llevado hasta donde es hoy el centro de Veracruz y la región mixteca de Oaxaca. Pero Moctezuma no sólo fue un gran conquistador, sino el organizador del nuevo estado, un constructor y un patrono de las artes. Trajo notables arquitectos de Chalco para edificar su ciudad y los famosos orfebres de la mixteca para labrar espléndidas joyas que en el siglo xvi asombraron a Europa. Las antiguas chozas fueron remplazadas por edificios de piedra construidos según un plan general.

Después de los reinos de sus tres sucesores inmediatos, que ampliaron enormemente el imperio y lo llevaron cuando menos hasta la frontera de lo que es hoy Guatemala, Moctezuma II fue electo emperador en 1502. Podía en ese momento sentirse orgulloso de los éxitos obtenidos por su familia y por su pueblo. En quince generaciones esa miserable tribu repudiada se había convertido en la cabeza del Anáhuac, "el círculo del mundo entre los mares". Moctezuma sabía que todo era el don del gran dios Huitzilopochtli, y que se había cumplido la antigua pero no olvidada profecía cuando el dios dijo: "Los haré señores, reyes de cuanto hay por doquiera en el mundo, y cuando seáis reyes, tendréis allá innumerables e infinitos vasallos que os pagarán tributo […] y todo lo veréis, puesto que ésta es en verdad mi tarea y para eso se me envió aquí". En efecto, Moctezuma reinaba sobre un imperio del tamaño de la Italia moderna, formado por varias regiones y climas y habitado por gente que hablaba numerosas lenguas. Con todo, el comercio y la influencia mexica iba aún más lejos. Moctezuma tenía una corte suntuosa, había sido valiente guerrero, era el Gran Sacerdote de

Huitzilopochtli. Su refinamiento, su generosidad, su actitud fatalista, le dieron la indecisión y debilidad que mostró ante Cortés. Sus cualidades más notables fueron fatales para él y para su imperio.

Éste es el momento de estudiar Tenochtitlan, con alguna esperanza de entenderla, pues la conocemos mejor justamente en vísperas de su caída. Tenemos descripciones de conquistadores y otros documentos, así como lo recobrado por la arqueología, que presentan una visión fascinante, por incompleta que ella sea, de la vida de esta última capital indígena, producto de 2 000 años de vida urbana en Mesoamérica.

Se ha considerado casi como un milagro que en menos de un siglo una pequeña tribu errante produjera esta ciudad con un patrón urbano muy desarrollado. Realmente no existe tal milagro. Como siempre, para entender lo que allí pasó requiere saber algo de lo anterior. Necesitamos comprender cómo los aztecas no eran sino los herederos de una ya antigua tradición, cómo a través de Tula y de los pueblos sucesores inmediatos a ellos, habían heredado el patrón urbano de Teotihuacan, donde surgió la primera civilización en el Altiplano.

Tenochtitlan-Tlatelolco, es decir, la combinación de las dos islas a las que nos referimos simplemente como Tenochtitlan, ya que fue la principal, ocupaba en 1519 un área de unos 13 kilómetros cuadrados. Las islas originales eran más pequeñas, pero a base de trabajo se habían ampliado logrando esa superficie.

¿Cuál era la población de Tenochtitlan en 1521? Se ha discutido mucho el punto, pero considerando la superficie y el monto de los tributos que cobraba el imperio, creemos que difícilmente podía tener más de 80 000 habitantes. Esta cifra puede parecernos hoy extraordinariamente baja, pero pensemos en el principio del siglo XVI. En aquel momento sólo cuatro ciudades europeas: París, Nápoles, Venecia y Milán pasaban bien poco de 100 000 habitantes. Ninguna ciudad española llegaba a ese número. Sevilla, entonces la más grande, tenía 45 000, según un censo de 1530. No es, por lo tanto, extraño que Tenochtitlan les pareciera enorme a los conquistadores españoles.

Aparte su magnitud, esta Venecia americana era realmente impresionante. Por todos lados se levantaban pirámides rematadas por altos templos. Entre ellos descollaba, dominándolos, la masa enorme del Templo Mayor. Toda la ciudad tenía un perfil piramidal y la primera mirada explicaba en cierto modo su sentido funcional, en el que el templo era a la vez el eje y también el remate. Los palacios y luego las casas iban disminuyendo en tamaño conforme se acercaban hacia las orillas de la laguna, donde más bien se veían las fértiles chinampas cubiertas de flores y de verduras. Alrededor estaban el agua y las otras islas, y en la tierra firme, numerosas ciudades que parecían tejer una corona a la capital.

Éste es el espectáculo que, como nadie, describe Bernal Díaz del Castillo:

y desde que vimos tantas ciudades y valles poblados en el agua y en la tierra firme y otras grandes poblaciones y aquella calzada tan derecha y por nivel como iba a México, nos quedamos admirados y decíamos que parecía a las cosas de encantamiento que cuentan en el libro Amadís, por las grandes torres y edificios que tenían dentro del agua y todos de cal y canto y aun algunos de nuestros soldados decían que si aquello que veían si era entre sueños y no es de maravillar que yo escriba aquí de esta manera, porque hay mucho que ponderar en ello. No sé cómo lo cuento, ver cosas nunca oídas, ni aún soñadas como veíamos.

Esta simetría y planificación que tanto admiró a los conquistadores (hay que recordar que las ciudades medievales poco tenían de esto), provenía fundamentalmente de una idea de organización política y social, de la división cuadripartita del grupo azteca. Por ello la ciudad había sido dividida en cuatro barrios. (Tlatelolco fue un quinto barrio que se sumó después cuando la anexión de esta ciudad.) Cada calpulli, cada uno de estos barrios, contenía una cantidad variable de subdivisiones; son realmente residuos de la antigua organización clánica a la que se sobrepuso el estado imperial. Los cuatro calpullis originales de la ciudad, una vez establecidos geográficamente, se tocaban en un punto central, o sea el área ocupada por el gran templo, por los palacios imperiales y por los palacios de los grandes señores.

El recinto del gran templo tenía cuatro puertas que recordaban los cuatro barrios, orientadas cada una hacia uno de los puntos cardinales. De cada puerta salía una calzada que en su recorrido marcaba los linderos de los calpullis.

Así, Tenochtitlan era una ciudad muy ordenada, planificada sobre una base cuadrangular, por cierto similar a la planificación española que tendría más tarde. Aun la irregularidad natural de las riberas de la isla había sido modificada por las mismas chinampas de forma generalmente rectangular que se iban construyendo paulatinamente, ampliando la superficie habitable.

Todo eso demuestra que Tenochtitlan de ninguna manera creció al azar; al contrario, se cuidó mucho su planificación. Hasta un funcionario especial, el calmimilolcatl, cuidaba de que las casas estuvieran debidamente alineadas a lo largo de las calles o de los canales para que éstos quedaran rectos y bien delimitados. En efecto, muchas calles eran canales por los que sólo se podía transitar en canoas. Sin embargo, casi siempre tenían veredas a los lados para viandantes. Donde un canal cruzaba una calzada u otro canal, había puentes hechos con tablones recios, que podían ser removidos con cierta facilidad en caso de peligro, y fue precisamente lo que causó la catástrofe de Cortés el día de la Noche Triste.

Esta situación natural de canales y de lagos que la rodeaban (como pasó, por cierto, con la ciudad colonial y pasó con la ciudad del México independiente hasta hace muy poco tiempo) hacía que Tenochtitlan fuera víctima continua de inundaciones en cuanto subía el nivel de los lagos. Para impedirlas, se hicieron muchas obras, grandes muros —los albarradones, como les decían los españoles— que trataban de contener las lagunas dentro de sus bordes, así como de separar el agua dulce de la salobre. La obra principal, que se dice fue dirigida por Nezahualcóyotl, logró impedir cuando menos las inundaciones mayores. Había también empleados públicos, como el aconahuacatl, encargados de cuidar las orillas de la isla para que el agua que se filtrara dentro de las chinampas recientes no las derrumbara, perdiéndose así la tierra y el trabajo hecho. Sin embargo, el problema era de tal magnitud, que no pudieron resolverlo ni las técnicas indígenas ni los tres siglos de la época colonial y sólo ahora se ha logrado impedir esas inundaciones.

Tenochtitlan tenía algún manantial de agua potable, pero insuficiente; para aumentar el caudal construyeron acueductos que traían el agua de la orilla de la laguna. Uno, ordenado por Moctezuma I, venía de Chapultepec, y el otro, edificado por Ahuizotl, de Coyoacán. Ésta, por cierto, era una obra más ambiciosa: constaba de dos canales paralelos para que en caso de tener que hacer reparaciones en uno de ellos, el otro siguiera funcionando y nunca se interrumpiera la entrada de agua pura para la ciudad. De hecho, mientras Tenochtitlan conservara en su poder los manantiales, tenía asegurada el agua potable necesaria para su población.

Por supuesto, la mayor parte del esfuerzo y del arte se había dedicado a los templos. Había muchísimos en Tenochtitlan; los principales eran el de Tlatelolco y sobre todo el Templo Mayor en el centro de la ciudad. Según Sahagún, incluía setenta y ocho edificios rodeados por una muralla decorada con serpientes, el famoso Coatepantli, heredado de Tula. La pirámide más alta estaba dedicada a los dioses Tláloc y Huitzilopochtli. En el recinto estaban incluidos otros numerosos templos, el juego de pelota y el Calmecac, donde estudiaban los hijos de los nobles.

Los nobles y los poderosos tenían habitaciones de altos techos, colocadas en torno a uno o varios patios cuadrados; contaban a veces hasta con cincuenta aposentos; pero cualquiera que fuese el tamaño de la casa, no había sino una puerta a la calle y ninguna ventana. La vida se hacía adentro, y los aposentos sólo recibían la luz a través de las puertas que daban a los patios interiores. Frecuentemente en el patio principal se levantaba un templete para las devociones particulares de los moradores. Un buen sistema de drenaje llevaba el agua hacia el exterior. Estas casas más importantes eran construidas íntegramente de cal y canto, de techos planos muy diferentes de los inclinados de los templos. Unas almenas decorativas solían correr alrededor. Sobre este techo, que formaba una terraza, podían pasarse horas de descanso contemplando la puesta del sol o tal vez las estrellas en las raras noches tibias del Altiplano. Las casas eran de un solo piso, pero en algunos casos se habla de cuartos altos construidos sobre las terrazas. Los muros estaban íntegramente recubiertos de estuco pintado para impermeabilizarlos y darles un acabado muy fino. Ya más hacia afuera, donde vivía el pueblo, cada casa estaba rodeada de un pequeño jardín, en que se cultivaban flores que tanto amaban los aztecas, así como plantas útiles. Estas habitaciones más modestas solamente tenían los cimientos de piedra; los muros de adobe sostenían un techo plano formado por vigas; en general un cuarto rectangular era suficiente para alojar a una familia, pues la cocina, el granero y el baño de vapor se construían aparte, en el jardín. Así como una casa norteamericana no puede pensarse sin un automóvil en la puerta, una casa indígena de Tenochtitlan no puede pensarse sin una canoa a la puerta. Todas parecen haber tenido la suya y tal vez hasta más de una, ya que era el medio de transporte ineludible, no sólo a través de los canales, sino para cruzar el lago. Las canoas eran muy variadas, algunas lisas y muy sencillas y otras decoradas y con las proas esculpidas.

Se puede llegar a un esbozo de historia económica de Tenochtitlan, que refleja en una forma notable los acontecimientos políticos y militares de la ciudad. Así, por ejemplo, casi al final del siglo xiv apenas si hay en el mercado plumas, y éstas de clase inferior; la ropa que allí se vende es de fibra de maguey. A principios del siglo xv aparecen pequeños jades y turquesas y ropa de algodón para los hombres. Ésta llega precisamente cuando Huitzilihuitl efectúa sus conquistas en Morelos, entonces productor de algodón.

A partir de 1430 viene el gran auge, como consecuencia de la victoria sobre Azcapotzalco. Desde ese momento ya se dispone de grandes cantidades de plumas de quetzal y otros pájaros raros, pieles de jaguar, jades, turquesas y joyas de oro. Ya hacia 1450, dice alguna crónica, "estas cosas abundan", y además aparecen mantas bordadas y adornadas con plumas para los grandes señores y las mujeres pueden adquirir faldas y huipiles bordados. Empieza el lujo extraordinario de beber chocolate hecho con granos de cacao que, como sabemos, se usaba también como moneda.

Las guerras de Ahuizotl traen nuevos productos: grandes penachos de quetzal; insignias de mosaicos de plumas; pieles de animales muy diversos; nuevas formas y tamaños más grandes de joyas; escudos de mosaicos de turquesa; mantas cada vez más elaboradas, bordadas o teñidas de los colores más difíciles de obtener. Los grandes señores podían lucirlas adornadas con tiras de papel o con pelo de conejo, y llevar en las manos abanicos de plumas de guacamaya con mangos de oro. Ya no bebían su chocolate en jícaras simples, sino laqueadas, y comían con cucharas de carey. Por supuesto que aparte de esos objetos suntuarios, que sólo podían ser adquiridos por la nobleza tenochca, el mercado tenía innumerables productos obtenidos también por tributo o traídos por los comerciantes cercanos para el uso diario del habitante medio de la ciudad.

Si leemos la lista larguísima de objetos que se vendían en él, no nos extraña que el mercado constituyera una atracción tan especial, no sólo como centro de compra y venta, sino por muchos otros motivos. La gente venía de cerca y de lejos a comprar, a comer, a vender, pero también a entretenerse, a arreglar asuntos, a ofrendar a los dioses, a averiguar las noticias del día, a saludar a sus amigos. El mercado era un centro social, el periódico de Tenochtitlan donde circulaban las noticias, los edictos y las fiestas religiosas. En este inmenso hormiguero humano se dice que se reunían a veces hasta 60 000 personas, lo que muestra claramente el predominio comercial de Tenochtitlan.

El centro de toda esta actividad eran esos grandes mercaderes que organizaban caravanas a los confines del mundo y que traían y llevaban la mercancía. Eran realmente el alma material de Tenochtitlan, al grado de considerárseles como pequeña nobleza. Ahuizotl, por ejemplo, les había permitido usar en ciertas ocasiones las insignias reservadas a la nobleza militar. Sin embargo, la vida de esos comerciantes, los más ricos en la ciudad indígena, tenía, como pasa con la vida de casi todos los económicamente poderosos, sus tremendas dificultades. Hay un detalle muy divertido en alguna crónica donde se dice: "el emperador a veces les perdía el amor, y con las haciendas de ellos sustentaba su fausto y su pompa".

La nobleza azteca que formaba un grupo tan pequeño en tiempos de Izcóatl empezó a ampliarse cada vez más. Tenía tierras propias y numerosos derechos de que carecía el plebeyo; de hecho, el aumento continuo de la aristocracia disminuía indudablemente la importancia de las organizaciones tribales —los calpullis—, que congregaban a los plebeyos.

El noble tenía dos carreras principales que no se excluían mutuamente: el ejército o el sacerdocio. El propio emperador era pontífice y jefe militar. Esta doble ocupación de la nobleza da la tónica del estado azteca, el militarismo teocrático. El soldado es el brazo, tal vez la cabeza, pero el sacerdote es el alma. Los militares, al llegar a los grandes puestos, tenían la gloria, compartían el botín de las victorias, aprovechaban a pueblos conquistados para labrarles sus tierras, así como para obtener una gran cantidad de productos y estaban imbuidos de un gran prestigio. Eran realmente esos hombres de corazón de piedra que idealizó el mundo azteca.

Pero el sacerdote, si no esto, tenía, en cambio, el arma máxima: ser el representante terrenal del dios. Y así como el imperio se sobrepuso al calpulli, el sacerdote ya no era el mago tribal, sino formaba parte de un cuerpo organizado de profesionales de la religión, con una serie de rangos y de atribuciones delimitadas. Los encargados del Templo Mayor, sobre todo, pertenecían a la sociedad imperial, percibían rentas propias de tierras conquistadas y naturalmente de las ofrendas de los fieles. Otra fuente del poder sacerdotal era la cultura. El sacerdote conservaba casi todo el saber de Tenochtitlan: la medicina, la astronomía, los cálculos calendáricos, la escritura, la historia, la literatura y la filosofía. En la escuela de los nobles, el Calmecac, los sacerdotes enseñaban esto y, por supuesto, las leyes, el gobierno y el arte militar. Así, el alumno egresado del Calmecac estaba capacitado para alcanzar los puestos elevados a los que no podía pretender en general la pequeña cultura que el hijo del macehual recibía en las escuelas tribales.

Por encima de todos estaba el emperador, el soberano indiscutido, sacerdote supremo de Huitzilopochtli y gran jefe militar. Su puesto no era hereditario, sino electivo, si bien la elección, desde Acamipichtli, recayó siempre dentro de la misma familia. A partir de Izcóatl, la hábil política de los emperadores había colocado insensiblemente, sobre todo después de la muerte de Nezahualcóyotl de Texcoco, al señor de México por encima de los otros dos reyes de la Triple Alianza. Ya para la época de Moctezuma II ninguno de sus aliados trataba siquiera de igualársele; de hecho, él imponía el candidato que deseaba para los tronos de Texcoco y de Tacuba. Causan asombro las descripciones que tenemos de la vida de este hombre que tuvo todo cuanto su mundo podía ofrecerle: numerosas esposas, servidores, juegos, enanos, jorobados que lo divirtieran, poetas, actores y músicos, riquezas, la veneración de sus súbditos que lo hacían casi un dios. Un ceremonial cortesano que rivalizaba con el asiático en esplendor y despotismo fue establecido desde bastante antes. En realidad, nadie podía ignorar la grandeza del Señor de los Toltecas. Sin embargo, es notable que en la familia imperial no hubiera llegado el momento de la molicie. Moctezuma II era un buen guerrero y un fanático sacerdote, aunque, a diferencia de sus antepasados, fundamentalmente hombres de acción, era un pensador, cualidad tal vez heredada de Nezahualcóyotl, su ilustre abuelo.

Pero ni la habilidad política, ni la economía, ni la geografía explican la grandeza de Tenochtitlan. Es la religión, esa misión mesiánica de los aztecas, esa creencia en su destino, lo que parece haberles dado un sello distinto al de los pueblos que los rodeaban.

La creencia profunda en la promesa de Huitzilopochtli es la seguridad que, desde las raíces más profundas de su pasado oscuro, les demostraba que ellos eran los escogidos, el pueblo a quien el dios había hecho la promesa suprema; eran la base de su visión del mundo. En los días de su miseria habían pagado con infinitos dolores la promesa de un futuro glorioso. Durante los días de su triunfo, tenían que seguir soportando el terrible peso de conservar en vida a su dios, al sol. Cada tarde, cuando se oculta tras las montañas del oeste, surge la duda terrible: ¿logrará durante la noche vencer a sus enemigos? ¿Podrá luchar contra los tigres y tantos terrores que lo van a atacar? ¿Volverá a nacer el día de mañana? Para estar seguros de que así sería, debía dársele fuerza, asegurar su triunfo sobre los enemigos. El único alimento —desgraciadamente sobre todo para los vecinos de los aztecas— que le gustaba al sol era la sangre humana. Por ello, en toda lógica, la sangre resultaba indispensable para la sobrevivencia del mundo.

Pero también la necesidad más elemental de conservación y el egoísmo más obvio indicaban que había que procurarse la sangre no sacrificando aztecas, sino sacrificando a otras gentes. Porque después de todo, los aztecas no sólo se salvaban a sí mismos, sino al resto del mundo; el sol no era sólo para ellos, alumbraba también a los demás. Así, hasta el rito aparentemente más cruel pretende justificarse lógicamente.

Para lograr este fin la guerra se hacía indispensable, ya que la sangre de los guerreros vencidos era la más valiosa. Entonces la guerra, necesaria como factor económico, es también necesaria como factor religioso.

Con el tiempo y con las cada vez mayores conquistas y victorias, Huitzilopochtli podía realmente estar satisfecho con los torrentes de sangre extranjera vertidos en su honor. Pero para entonces Huitzilopochtli era tan poderoso y su templo tan alto, que sólo aceptaba reverencias; ya no aconsejaba a su pueblo. Es curiosísimo ver cómo en las crónicas, a partir del fin del siglo xv, desaparece la voz terrible del dios, que no vuelve a decir una palabra.

En su templo, allá arriba, la divinidad estaba representada por una enorme estatua hecha de masa y cubierta de joyería. Llevaba en su mano derecha la xiuhcoatl, la serpiente de fuego, esa arma divina que aseguraba para siempre el triunfo de los ejércitos aztecas. Con ella había nacido Huitzilopochtli y había acabado con todos sus enemigos. Así, en los días finales del sitio de Tenochtitlan, cuando todo parecía perdido, el último emperador utilizó el final e invencible recurso. Le dieron a un joven guerrero el arma misma de Huitzilopochtli para que saliera al combate y con ella aniquilara a los españoles. El fracaso de este intento es el fin de la guerra, y así, cuando los españoles y sus aliados, dice el cronista texcocano, "subieron a la torre y derribaron muchos ídolos, especialmente en la capilla mayor donde estaba Huitzilopochtli, llegaron Cortés e Ixtlixochitl al mismo tiempo y ambos embistieron con el ídolo; Cortés cogió la máscara de oro que tenía puesta e Ixtlixochitl le cortó la cabeza al que poco antes adoraba por su dios".

II. LA ERA VIRREINAL

Alejandra Moreno Toscano

EL SIGLO DE LA CONQUISTA

Para la historia de México el XVI es el siglo de la conquista. Con ese nombre se engloba tanto el hecho militar mismo como el largo periodo de acomodo que no sin violencias produjo una nueva situación: *la colonia.*

El siglo de la conquista se divide en dos periodos diferentes. El primero, que abarca desde 1519 hasta más o menos mediados del siglo, se caracteriza por el triunfo de los intereses particulares de los conquistadores sobre el mundo indígena, que de pronto se encuentra sometido a una explotación sistemática. Ese predominio de los intereses particulares se explica por varias circunstancias. La primera, que la corona española no tuvo recursos financieros para sostener y conducir las exploraciones de descubrimiento y conquista de las tierras del Nuevo Mundo; así, tuvo que recurrir a los particulares para lograrlo. Puede recordarse que el mismo viaje de Colón fue financiado por la reina Isabel la Católica como una empresa particular —la tradición cuenta que cedió sus joyas personales para cubrir los gastos de la empresa—, y que por ello las tierras descubiertas se consideraron desde entonces como patrimonio exclusivo de la corona de Castilla.

Para financiar la expediciones de descubrimiento y conquista se siguió un procedimiento que trató de combinar la necesidad de obtener fondos de particulares para cubrir los gastos de la empresa y la exigencia de que las tierras recién descubiertas se mantuvieran bajo el dominio de esa corona.

Por medio de la capitulación, ésta cedía a los particulares ciertos derechos en la conquista y descubrimiento de los territorios a cambio de recibir el reconocimiento de su soberanía y "un quinto" de los beneficios.

Fue ese sistema de empresa privada el que permitió organizar el descubrimiento y la conquista, además de explicar el deseo incontenible de los conquistadores de resarcir sus gastos y trabajos a costa de los indios. Además, otra circunstancia puede explicar el predominio inicial de los intereses particulares en la conquista de América. Las conquistas fueron casi siempre hechos impredecibles. Si Colón nunca imaginó que había descubierto un nuevo continente, hasta la llegada de Cortés a México nadie pudo imaginar tampoco las riquezas que encerraba el nuevo territorio. Entonces, es natural que las decisiones de los conquistadores se hayan tomado sobre la marcha, siguiendo estrategias concretas o intereses muy personales, y que la corona española aceptara más tarde esas decisiones como hechos consumados.

Los conquistadores recibían como "premio" a su conquista una determinada cantidad de indios de servicio, tributos, encomiendas, mercedes de tierras o de solares urbanos, proporcional al aporte inicial hecho —en armas o caballos— para participar en la empresa; pero la proporción de ese "premio" era fijada por ellos mismos. Esto quiere decir que durante este primer periodo los conquistadores usaron y abusaron de sus derechos casi sin control. Durante los años siguientes a la conquista, los conquistadores desoyeron las órdenes que la corona emitía reiteradamente, en contra del mal tratamiento de los indígenas. Ese primer estado de cosas se modificará progresivamente a medida que la corona y sus representantes logran centralizar en sus manos las funciones de organización de la nueva sociedad.

El segundo periodo del siglo de la conquista se caracterizará precisamente por la tendencia opuesta, o sea un aumento de la función real en la toma de decisiones, un mayor control de los abusos de los conquistadores y el surgimiento de una política deliberada de protección legal al indígena.

El conquistador es la figura que domina la historia de los años iniciales del contacto hispano-indígena, y el conflicto dominante es el desequilibrio de la antigua sociedad prehispánica sometida a un nuevo estado de cosas.

Quizás la figura del conquistador cubre la visión que se tiene del siglo XVI porque algunas de las mejores historias de la conquista fueron escritas por historiadores de la escuela romántica. En la figura del conquistador español del siglo XVI encontraron un modelo que reunía los atributos personales de la acción individual, la decisión voluntaria y el triunfo sobre las circunstancias adversas. Y en la existencia del mundo indígena, todo lo pintoresco y colorido que exigía una buena narración romántica. Pero también es "el conquistador", o unos cuantos conquistadores —cuyos nombres recordamos fácilmente— los que dan figura al siglo XVI por otras circunstancias.

Es decir, si bien más de dos mil individuos probaron suerte en la conquista de Tenochtitlan como miembros de la expedición original de Cortés, o como gente de Narváez o de Garay, muy pocos fueron los que llegaron a beneficiarse de la explotación del mundo conquistado. Apenas un cuatro por ciento de esos conquistadores llegaron a concentrar en sus manos beneficios suficientes para enriquecerse con la conquista. Son aquellos cuyos nombres recordamos: el capitán Cortés, los hermanos Ávila, Alvarado, Nuño de Guzmán, Vázquez de Tapia y Diego de Ordaz. Estos conquistadores que se beneficiaron con la conquista han configurado la imagen que conservamos del conquistador español del siglo XVI. El resto, los que tienen que volver a ejercer en América los viejos oficios de sus padres: zapateros, herreros, carpinteros, los que no se benefician con la conquista pero participaron en ella, fueron retratados por Bernal Díaz del Castillo al escribir su historia y protestar contra esa desigual retribución de los beneficios.

La figura de Cortés se ha enseñoreado sobre esos primeros años de la historia colonial. Por ello nuestras historias relatan minuciosamente sus trabajos y sus días. Desde la matanza de Cholula hasta el sitio de México, sus hazañas increíbles y estropicios extraordinarios crearon la imagen del conquistador que conserva la historia. Además, la dramática espectacularidad de la victoria sobre los mexicanos, por la importancia de Tenochtitlan como centro dominante del imperio mexica, contribuye también a que la historia de la conquista se conozca sólo por Cortés y por los defensores de México.

Se ha escrito más —en pro y en contra de la figura del capitán o de Cuauhtémoc— que lo que se ha analizado el proceso mismo de la lucha militar. Enfrentamientos de dos maneras de concebir la guerra. Expresión de conflictos de poder y de opinión dentro del grupo indígena gobernante.

A grandes rasgos pueden distinguirse varias etapas en la conquista militar. La primera, la que podría llamarse "antillana", dirigida por los intereses y proyectos comerciales de Diego Velázquez, el gobernador de Cuba, terminó con la fundación de la Villa Rica de la Vera Cruz. Con la fundación de una ciudad y siguiendo la antigua tradición municipal española, Cortés cambia las reglas del equilibrio y reconoce como único superior a la corona. Cuando el ayuntamiento de Veracruz, formado por sus propios hombres, lo declara capitán general de la empresa, Cortés puede gozar de autoridad plena y desconocer a Velázquez, de quien había sido hasta entonces subordinado. Una siguiente etapa empezaría con la entrada de Cortés hacia las tierras del interior hasta que concierta su alianza con Tlaxcala. Cortés había podido observar las diferencias que separaban a los pueblos indígenas entre sí y con el centro del imperio. Aliándose con los tlaxcaltecas puede enfrentarse a los mexicanos con apoyo de otros grupos indígenas. La tercera etapa cubre el tiempo de la llegada de Cortés a México y su recibimiento por Moctezuma. Cortés tiene entonces oportunidad de ver la ciudad y conocer el mecanismo del imperio. Cuando sale de la ciudad de México para enfrentarse a Pánfilo de Narváez, comienza a romperse ese equilibrio. Los mexicanos se levantan contra los españoles y a la vuelta de Cortés los conquistadores quedan cercados en las casas de Moctezuma. Los indios llegan a arrojar fuera de su ciudad a los españoles durante el episodio que conocemos como la Noche Triste. La última fase de esa historia, el sitio y la caída de Tenochtitlan, abarca desde el retorno de Cortés de tierras tlaxcaltecas, donde se había repuesto con sus hombres, hasta la prisión de Cuauhtémoc.

Esta historia de la conquista la conocemos bien en su cronología estricta y desde los puntos de vista más diversos. Y sin embargo, todavía desconocemos mucho los procesos que la expliquen.

Tampoco las conquistas del interior del territorio, las conquistas regionales, han merecido estudios recientes. Como se realizan rápidamente y de manera simultánea, las fechas y los datos resultan sin orden aparente, pero lo hubo. La dirección inicial de las conquistas regionales hacia Coatzacoalcos o hacia Pánuco buscaban establecer puntos estratégicos que aseguraran la liga con las posesiones españolas de las Antillas y con España. Las incursiones sucesivas hacia el occidente —Colima, Zacatula—, las conquistas de los reinos de Tututepec y de los zapotecas fueron dictadas por la necesidad de establecer un puerto en el Pacífico que permitiera alcanzar las tierras del Oriente. Los españoles continuaban acariciando el sueño de llegar a la India y a China siguiendo la ruta de occidente, la misma que había llevado a un navegante genovés a toparse de pronto con las tierras americanas. El estudio de las conquistas regionales resulta indispensable para conocer los mecanismos con los que se realiza la sujeción del territorio, para poder ver, como en una fotografía negativa, el grado de cohesión política del antiguo imperio mexicano.

Cortés envió desde antes de 1521 a varios de sus capitanes a establecer alianzas o dominar militarmente algunos sitios del interior y asegurar su victoria sobre los mexicanos. Muchos pueblos concertaron alianzas inmediatas con los españoles y en prueba de su apoyo enviaron hombres para luchar con los ejércitos de Cortés, tantos, que si hemos de creer las propias palabras del conquistador, el sitio de México lo realizan mil españoles sostenidos por cincuenta mil aliados indígenas. Otros centros ofrecieron resistencia violenta y algunos fueron destruidos totalmente por los conquistadores.

Esto puede explicarse si recordamos que la expansión del imperio mexicano se había iniciado bajo el reinado de Izcoatl hacia 1420, coincidiendo precisamente con las primeras exploraciones portuguesas y españolas en el Atlántico. En 1500 los mexicanos habían alcanzado los límites geográficos extremos de su imperio y, por lo tanto, cuando llegan los españoles en 1519, apenas una generación separa a muchos pueblos de su antigua condición de independientes. Es por ello que muchos de esos poblados que veían a Moctezuma II como un tirano que los tenía sojuzgados vieron en los españoles una posibilidad de librarse de esa dominación.

Pero el siglo XVI no es solamente el de lucha militar. En él se esbozan las estructuras permanentes que pervivirán durante la época colonial. El triunfo de los conquistadores y el reparto que hacen de la riqueza de las nuevas tierras, el sojuzgamiento de los hombres por medio de la esclavitud primero y de la encomienda después, y la distribución de las tierras por medio de mercedes, prefiguran la nueva sociedad colonial. El desequilibrio entre dos mundos: la república de los españoles y la de los indios.

El sueño de los conquistadores de mantener ese dominio "de conquista", esa organización social de beneficio personal, ese *status* de antiguos señores, casi a la manera feudal, termina hacia la mitad del siglo. A medida que la corona española se va adueñando de la situación, centraliza en sus manos la decisión política y desplaza a los antiguos conquistadores de sus posiciones de privilegio. Cuando los conquistadores están a punto de perder la partida, intentan como último recurso levantarse con la tierra. Al poner fin a la conspiración de Martín Cortés y ejecutar en la plaza mayor de México a los hermanos Ávila, como sus principales inculpados, la corona española termina con la sociedad de los conquistadores y marca el inicio de la nueva sociedad colonial.

LA CONQUISTA ESPIRITUAL

LA EXPRESIÓN de "conquista espiritual" fue acuñada por Robert Ricard en uno de los libros clásicos de la historiografía sobre México. Ricard vio en esa "conquista espiritual", o sea el proceso de cristianización e hispanización de los indígenas durante el siglo XVI, la expresión de una crisis de conciencia, la oportunidad de una reinterpretación de la condición de los hombres.

El problema de la cristianización e hispanización del indígena, en última instancia de su "occidentalización", estuvo también ligado a la necesidad de justificar la expansión imperial europea. ¿Qué derechos tenía España para someter nuevos territorios bajo su dominio? ¿La guerra de conquista era una guerra justa? Esas preguntas, de respuestas conflictivas, se encontraron en la base de toda la acción colonizadora de España en América.

Parecía justo, dentro de la tradición occidental cristiana, que un príncipe cristiano reconquistara aquellos territorios que se habían perdido en las batallas contra los infieles, puesto que los detentaban de manera ilegítima. Pero los indígenas no podían considerarse infieles en el mismo sentido de los moros. Los indígenas americanos fueron considerados más bien como gentiles. Y como gentiles, por derecho natural, gozaban legítimamente de la posesión de sus territorios. Entonces, ¿era justa la guerra que se les hacía? ¿Se justificaba la dominación de sus territorios por un monarca cristiano?

La presencia del hombre en tierras americanas no encajaba bien en la concepción del mundo occidental, y esto produjo grandes polémicas sobre la condición de los hombres. Si los indígenas se consideraban infieles, entonces ocupaban ilegítimamente sus territorios; si, por el contrario, eran gentiles, entonces eran los dueños legítimos de sus tierras y los españoles no tenían derecho alguno para despojarlos. Si eran bárbaros, entonces, como quería Aristóteles, eran siervos por naturaleza y su dominio no sólo era justo, sino necesario. A la inversa, si eran considerados en un plano de igualdad con los cristianos, con los mismos derechos y obligaciones, el dominio colonial resultaba condenable.

Durante los primeros años de la conquista esas ideas se opusieron continuamente; pero a medida que lograron consolidarse las que justificaran la expansión de los imperios occidentales, a medida que se "legalizó" la nueva condición "colonial" de los habitantes del Nuevo Mundo, esas preguntas dejaron de hacerse.

Aun cuando en la historia las fechas nunca señalan cortes definitivos, pueden utilizarse como puntos de referencia. De la misma manera como la conquista militar se divide en dos momentos diferentes a mitad del siglo XVI, la conquista espiritual pasa por dos periodos distintos.

El primero abarcaría desde la llegada de la primera misión franciscana en 1523 hasta mediados del siglo. El segundo cubre los años que siguen a 1555, fecha en que se reúne el Primer Concilio Mexicano y empieza a definirse la situación que prevalecerá durante el resto de la época colonial.

La primera etapa tiene características bien definidas. La labor de los misioneros parece más libre e independiente durante esos años. Se ensayan diversos métodos de evangelización, nacen instituciones originales como respuesta concreta al problema de evangelización del indígena. Entonces se piensa que el indígena debe ser el mejor instrumento para la conversión de los indios. La labor de los misioneros se centra en la educación de los jóvenes indígenas para lanzarlos después a la aventura de conquistar y occidentalizar su propio mundo. Se cree abiertamente que el indígena debe ser preparado para ejercer actividades sacerdotales. Se acepta que si el indígena puede recibir sacramentos, puede también impartirlos. Durante esos primeros años se estudian y conservan las lenguas vernáculas, a las que se traducen los textos fundamentales del cristianismo. En suma, se piensa que entre los indígenas americanos podrá recuperarse la pureza del cristianismo primitivo corrompido en Europa. América, y concretamente el mundo indígena, aparece a los ojos de los primeros misioneros como la materia ideal para realizar las utopías soñadas en la vieja Europa.

Durante el segundo periodo, a partir del medio siglo, se redefinirán radicalmente esas primeras proposiciones. De manera sistemática se limitan poco a poco, en aras de la ortodoxia, las libertades de acción y de creación de instituciones de que habían gozado los primeros misioneros. De la misma manera como se inicia el proceso de centralización de las decisiones en manos de la corona española, se reducirá la libertad de acción de las órdenes regulares sometiéndolas a la autoridad de los obispos.

Muchas de las instituciones que florecieron durante los primeros años del siglo XVI desaparecerán cuando decae el apoyo material que recibían de las autoridades. Contra la idea de que el indígena podía alcanzar las dignidades sacerdotales, comienza a triunfar la posición que defendía la idea de que no estaba capacitado para dedicarse a estudios superiores. En lugar de mantener vivas las lenguas indígenas, se tomará el partido de la hispanización progresiva de los naturales.

Se ha tratado de explicar ese cambio de actitud recordando la situación que prevalecía en Europa. En efecto, debe tenerse presente que a mediados de siglo, al asumir Felipe II la corona, España se convierte en la defensora de una ortodoxia cristiana amenazada por el cisma luterano. Pero hay que explicar también ese cambio en función del desarrollo mismo del proceso de la conquista. A mediados de siglo quedarán definidas las principales estructuras de dominación colonial. La cristianización e hispanización de los indios se convertirá en una función del estado. Por lo mismo, para apoyar su estructura, tendrá que diseñarse dentro de una situación de dependencia colonial. Como la organización social, la espiritual queda polarizada entre dos mundos: el de la República de los Españoles y el de la República de los Indios.

En ese sentido, más que crisis de conciencia, la conquista espiritual forma parte integrante del proceso de dominación colonial del siglo xvi. En varios sentidos fue mucho más radical y violenta ésta que la conquista militar. Los conquistadores militares mantuvieron, con algunas modificaciones, ciertas estructuras sociales y de poder autóctonas, como el calpulli, el tributo y ciertas formas colectivas de prestación de servicios personales. En cambio, para construir el cristianismo los conquistadores espirituales, los misioneros, se esforzaron en destruir cualquier pervivencia de la concepción del mundo prehispánico. Destruyeron las bases de todas las relaciones espirituales en un mundo que descansaba fundamentalmente sobre una concepción religiosa de la vida. Con ello se aseguraba su occidentalización; así se inició el proceso de desaparición de las antiguas culturas.

El enfrentamiento a un problema concreto, es decir, el de convertir masivamente a los indígenas y con ello justificar la conquista, produjo la creación de instituciones originales, la aplicación de métodos y técnicas de conocimiento desconocidas en Occidente. Una gran parte de esos procedimientos y de esas instituciones se derivaron de la observación y estudio de las actividades prehispánicas. He aquí algunos ejemplos. Uno sería la aplicación de métodos de enseñanza (y evangelización) que utilizaran simultáneamente las capacidades receptivas audiovisuales del individuo. Como se sabe, los indígenas mexicanos habían logrado desarrollar un tipo de escritura nemotécnica por la que se asociaba a una imagen figurada todo un conjunto de conocimientos. Los cuadros religiosos que adornaron las primitivas iglesias americanas, más que ser concebidos como ornato, eran un instrumento efectivo de la evangelización.

El misionero se detenía frente a cada uno, y explicaba la imagen y el simbolismo que deseaba fueran aprendidos por los recién convertidos.

Fue esa necesidad de conversión masiva la que llevó a los misioneros a incorporar, en el diseño de las construcciones religiosas, un elemento arquitectónico absolutamente original: la capilla abierta. En estas capillas, de las que se conservan algunos ejemplos notables por su belleza, podía oficiarse el sacrificio de la misa en amplios espacios abiertos, en el atrio de los conventos, donde podía reunirse a un número de fieles mucho mayor del que hubiera podido congregarse en el interior de la iglesia. Esa misma necesidad llevó a los misioneros del siglo XVI a revivir ciertas prácticas del cristianismo primitivo ya olvidadas en Occidente, como el bautismo por inmersión. Todavía hoy podemos observar una de esas enormes piletas bautismales en el convento de Tzintzuntzan, Michoacán.

La relación que existe entre las antiguas instituciones educativas prehispánicas y las instituciones creadas por los misioneros en el siglo XVI, comienza a estudiarse ahora. Escuelas para nobles indígenas y para muchachos del común, Tepuzcalli y Calmecac, encontraron su contrapartida en las instituciones educativas de la primera época colonial: los grandes colegios de Santa Cruz en Santiago Tlatelolco y de San José de los Naturales en el convento de San Francisco, las escuelas parroquiales y las escuelas de los barrios coloniales.

La necesidad de conocer las antiguas prácticas y costumbres religiosas de los indígenas, para poder combatirlas como contrarias al cristianismo, llevó también a los misioneros al estudio de las lenguas y las costumbres prehispánicas. Es por ello que la conquista espiritual se liga directamente con el nacimiento de los estudios etnográficos en el Nuevo Mundo.

Durante los primeros años del siglo XVI los misioneros españoles desplegaron una gran actividad en el estudio de las lenguas indígenas. Muchas fueron alfabetizadas. Se estudió la estructura interna de las principales lenguas y se recopilaron importantes vocabularios con las definiciones precisas y los diversos significados de cada palabra. Además, se tradujeron numerosas obras religiosas a las lenguas indígenas, algunas de las cuales se imprimían durante esos años. La imprenta fue un instrumento de gran utilidad para los misioneros en el trabajo de evangelización del indígena.

Se hicieron también estudios muy detallados de las costumbres, ceremonias y prácticas religiosas de los indígenas. Entre todos, el de mayor importancia fue sin duda el trabajo realizado por fray Bernardino de Sahagún, pues durante diez años recogió pacientemente los datos que le proporcionaban sus informantes indígenas. El misionero franciscano logró reunir con ellos un tratado completo sobre la vida y religión de los mexicanos, que permitió a los estudiosos posteriores reconstruir aspectos de la vida indígena que de otra manera se habrían perdido para siempre.

Como la conquista militar, la espiritual ofrece diversidades regionales importantes. En términos generales puede decirse que esas diferencias nacen de los distintos tiempos de penetración de las órdenes misioneras en el territorio. Los franciscanos, los primeros en llegar, se establecieron en el centro de México, en algunas zonas de Michoacán, y más tarde se extendieron rumbo a la Huasteca y el Pánuco. Los dominicos, segundos por el orden de su llegada, extienden sus casas y conventos sobre la zona de Oaxaca: la mixteca, la región zapoteca, el reino de Tututepec. Los últimos en llegar, los agustinos, al encontrar grandes porciones del territorio ya ocupadas por sus hermanos de orden, se establecen de manera más dispersa. Ocupan en el centro de México las zonas otomíes y matlaltzincas, se extienden rumbo a la sierra de Puebla y se localizan en algunas zonas de Michoacán no ocupadas por los franciscanos. Estas etapas y direcciones de penetración pueden recuperarse señalando en un mapa la localización de los conventos de las diversas órdenes. Las dos grandes líneas de entrada de los franciscanos y de los dominicos aparecen claramente hacia el occidente y el sur, entremezcladas con construcciones agustinas cuya función fue cerrar territorios a la evangelización.

Cada una de estas órdenes dejó una huella distintiva en esos territorios. Las sobrias construcciones-fortaleza de los franciscanos, con sus fachadas platerescas de la primera mitad del siglo xvi y las suntuosas construcciones de los dominicos, se levantaron en lugares en que se concentraban grandes núcleos de población. Más tarde, con el vertiginoso descenso de la población indígena que se inicia desde el momento del contacto y alcanza su punto crítico al comenzar el siglo xvii, muchos de aquellos centros se verán despoblados y los grandes conventos quedarán, como los vemos hoy, aislados, lejos de los grandes centros de población.

Las diferencias entre las obras de estos misioneros no sólo se perciben en la arquitectura de los conventos. Muchas otras huellas darán personalidad a esas regiones. Se pueden encontrar construcciones de ingeniería hidráulica, grandes presas, acueductos o complejos sistemas de irrigación, creados por los misioneros durante el siglo xvi, en el centro y en el occidente de México (Yuriria), algunos de los cuales sirven todavía a sus propósitos originales. La introducción de cierto tipo de cultivos de hortalizas y frutales también acompañará la labor evangelizadora de los frailes.

La conquista espiritual dejó huella en los ámbitos más diversos de la vida de los indígenas. Como organizadores de las nuevas formas de vida comunitaria, los misioneros, y el sacerdote, se convertirían pronto en el centro de la vida de aquellos pueblos conquistados, en rectores de las actividades colectivas y definidores de las nuevas formas de cohesión social.

Es, pues, en el siglo xvi, el siglo de la conquista, el momento en que se rediseñan las relaciones sociales de estos pueblos. La conquista militar y la conquista espiritual, partes integrantes de un mismo proceso, dejan dibujadas las líneas generales de acción que seguirá la Nueva España.

LA ECONOMÍA COLONIAL, 1650-1750

Durante el siglo XVII se definen las principales estructuras económicas de la Nueva España; entonces surge la hacienda y se consolida como la principal unidad de producción.

Esto último ocurre tras un largo proceso de formación y de adaptaciones sucesivas a las condiciones de la economía colonial. En la Nueva España, como en otras colonias americanas, existía un mercado muy reducido para los productos agrícolas. Los habitantes españoles y mestizos de las ciudades, los trabajadores de las minas y las bestias de carga y tiro, eran prácticamente los únicos consumidores de los cereales que podía producir la hacienda. La mayoría de la población, los indígenas, no se incorporaban a ese mercado, puesto que seguían consumiendo el maíz que cultivaban en sus tierras de comunidad.

Además de esas limitaciones del mercado, la hacienda tuvo que enfrentarse a ciertas condiciones geográficas y naturales que marcaban el funcionamiento de la economía novohispana. En un país de tierras sin irrigación, las buenas cosechas dependen mucho de la oportunidad y la abundancia con que lleguen las lluvias. Las condiciones climáticas de una gran parte de las tierras del Altiplano hacían, además, muy irregulares los años buenos para la agricultura. El granizo, las heladas, las trombas, que provocaban inundaciones, o las sequías, es decir, un buen número de fenómenos naturales impedía el funcionamiento estable de la agricultura.

Así, al luchar contra las limitaciones impuestas por el mercado y contra las irregularidades inherentes a los cultivos de temporal, los ricos agricultores de la colonia idearon una unidad de producción agrícola que les permitiera sacar provecho de las condiciones adversas: la hacienda. Ésta se caracterizó desde sus orígenes por una ambición ilimitada de acumular tierras, acumulación que tenía un sentido económico muy preciso y que fue el principal factor que permitió la sobrevivencia de la institución.

Para el buen funcionamiento de la hacienda se requería controlar grandes cantidades de terreno que pudieran dedicarse a varios cultivos, disponer de montes productores de leña y carbón, tener tierras de pastoreo y magueyales. La extensión territorial permitía a algunas obtener cultivos de tierra fría y de tierra caliente. Es decir, que el ingreso de la hacienda no dependía de un solo cultivo. Eran precisamente las explotaciones menores dentro de la hacienda las que le permitieron tener ingresos pequeños, pero estables, durante todo el año y sacar el mayor provecho de los años de buenas cosechas.

La acumulación de tierras por la hacienda tenía además otro significado económico concreto. A medida que mayores extensiones de terreno pasaban a formar parte de ella, un número mayor de personas perdía toda posibilidad de tener un terreno y dedicarse a la producción agrícola. Con ello, la hacienda no sólo monopolizaba la producción, sino que al despojar a los indígenas de sus tierras, los empujaba a las ciudades y provocaba un aumento de consumidores de sus productos. Esa acumulación de tierras exigió, por otra parte, que se estableciera una forma de asegurar la existencia de una mano de obra estable y fija dedicada a las labores agrícolas dentro de la misma hacienda.

Uno de los problemas subyacentes a lo largo de la época colonial y que explica el surgimiento de muchas instituciones es el descenso de la población. Aunque no se han podido medir las dimensiones de la crisis demográfica que siguió a la conquista, sabemos que la población de la Nueva España no alcanzó sus niveles prehispánicos hasta la segunda mitad del siglo XVIII. La escasa población, aunada a su dispersión en las zonas rurales, hacía que el trabajo se convirtiera en un recurso muy disputado por los hacendados. Por ello, la hacienda probará todos los procedimientos posibles para fijar a los trabajadores dentro de las tierras. El más eficaz para lograrlo fue sostener un sistema de bajos salarios para los trabajadores agrícolas. Manteniéndolos en un nivel de subsistencia, cualquier necesidad especial, cualquier celebración familiar, cualquier gasto extra, obligaba a los trabajadores a pedir un préstamo al hacendado. Éste sabía de antemano que el préstamo concedido nunca llegaría a cubrirse; pero sabía también que, al conceder el préstamo, se iniciaba la cadena de endeudamientos que le aseguraban la permanencia del trabajador en su hacienda mientras durara el adeudo. Lo que más convenía al funcionamiento de la hacienda era que los trabajadores se endeudaran, que quedaran adscritos a la hacienda como peones. Ese endeudamiento permanente se institucionalizó por medio de las tiendas de raya.

La hacienda, además, desempeñaba una serie de funciones sociales que aseguraban la permanencia de los trabajadores y la persistencia de la institución. Ofrecía al peón la seguridad que no podía alcanzar viviendo de manera independiente o en las tierras de su comunidad. En la hacienda tenía asegurada su subsistencia y la de su familia. Abandonado a sus propios recursos, el trabajador independiente quedaba sujeto a la inestabilidad del mercado y de los ciclos agrícolas. En tiempos de malas cosechas, se veía obligado a abandonar su tierra para sobrevivir. Tomaba el camino de la ciudad y pasaba a engrosar las filas de los desheredados y desocupados urbanos.

De esa manera la hacienda tomó su forma por la situación económica y social propia de la colonia. Las posibilidades de desarrollo de las otras actividades económicas de la colonia dependerán, en mayor grado, de los requerimientos de la metrópoli. Un buen ejemplo de esa situación lo ofrecen los obrajes.

Desde un principio, la corona española prohibió el desarrollo de las manufacturas en sus colonias americanas como medio de proteger el desarrollo de las manufacturas en España. Sin embargo, los productos elaborados en España, especialmente los textiles, llegaban a la Nueva España después de una larga travesía por el Atlántico a precios muy elevados. Sólo podía consumirlos la minoría privilegiada residente en las principales ciudades. Es por ello que comenzaron a surgir en las colonias numerosos obrajes de paños, mantas y telas burdas, que se destinaban al consumo de la numerosa población de pobres. En ese sentido, la prohibición real sirvió como una barrera proteccionista y los obrajes se multiplicaron mucho durante la época colonial.

Los centros manufactureros más importantes de la Nueva España se concentraron en las ciudades de México y Puebla y en algunos puntos del Bajío. Aun cuando durante el siglo XVI se había llegado a producir telas de seda en Nueva España, el contacto establecido con el Extremo Oriente mediante el Galeón de Manila, provocó la prohibición del cultivo y elaboración de la seda en la colonia. Los antiguos telares de seda de Puebla se convirtieron en telares de lana y algodón durante el siglo XVII. En ellos se producían las mantas y paños que se consumían en todas las ciudades del virreinato.

De manera semejante a lo que sucedía con la hacienda, el obraje de telas se ve afectado por las limitaciones del mercado y la competencia de las mantas que tejían los propios indígenas. Asimismo, los dueños de obrajes buscan fijar a los trabajadores en sus establecimientos. La condición del trabajador en el obraje era, sin embargo, mucho peor que la del trabajador agrícola. El obraje reclutaba su mano de obra entre los delincuentes condenados a purgar alguna pena corporal. Así, los delincuentes pagaban su condena trabajando en un obraje conservando su situación jurídica de prisioneros. Además, completaban esta particular mano de obra los esclavos negros introducidos a Nueva España en números cada vez mayores.

Aunque limitado, el mercado de los productos elaborados en los obrajes o de los cultivos de las haciendas cerealeras, se encontraban en la misma colonia. La otra actividad que sustentaba la economía de la Nueva España, la minería, se destinaba a cubrir las necesidades de un mercado externo, la economía de la metrópoli española.

La minería jugó un papel fundamental en el desarrollo de la economía colonial. Los centros mineros actuaron como generadores de una gran parte de las actividades agrícolas. Alrededor de los centros mineros del norte del país surgieron numerosas haciendas que se dedicaban a abastecer las necesidades de los trabajadores mineros y de las bestias de carga. Una mina en bonanza era al mismo tiempo un buen centro consumidor. El destino de muchas haciendas se ligó al de las minas durante una buena parte de la época colonial. Además, la actividad minera y los impuestos que pagaba constituía la base que sustentaba a todo el aparato administrativo de la colonia. La importancia de esta función aumentaría al extenderse progresivamente la burocracia colonial durante el siglo xvii.

El auge minero, que se inicia con el descubrimiento de Zacatecas en 1545 y que alcanza sus mejores días en la década de 1570, se termina en los primeros años del siglo xvii. Entre 1650 y 1750, la minería de Nueva España pasa por un periodo de estancamiento. Durante esos años no pudo competir con la producción del Perú por varias razones. En primer lugar, en Nueva España no existieron yacimientos considerables de azogue. Esto era importante, puesto que el azogue se requería para beneficiar la plata por el procedimiento de amalgama. Entonces, la importación del azogue que requerían las minas de Nueva España aumentaba enormemente los costos de producción. Además, durante esta época muchas de las antiguas vetas de mineral explotadas desde el siglo xvi comenzaron a agotarse, o se hicieron profundas. Debido a las limitaciones de los conocimientos técnicos de la época, una veta muy profunda, que llegaba a inundarse con facilidad, no era económicamente explotable. La baja de la producción minera durante esta época, sumada al descenso de la población, explica la contracción de la economía colonial durante la segunda mitad del siglo XVII.

Los centros mineros en explotación durante este periodo siguieron siendo los mismos que se explotaban desde la segunda mitad del siglo XVI. Las minas del sur de la cordillera volcánica –Taxco, Sultepec, Temascaltepec y Zacualpan– continuaron produciendo plata, aunque en condiciones más difíciles. Los centros del norte –Zacatecas, Fresnillo, Sombrerete y Catorce– siguieron siendo buenos productores de metales, lograron mantener por su actividad una economía dinámica en la región, y provocaron el surgimiento espectacular de nuevas ciudades mineras, tales como Durango y Chihuahua.

La vida en los centros mineros era muy distinta de la de los trabajadores agrícolas de la hacienda o de la de los trabajadores urbanos del obraje. Los trabajadores de las minas conservaron siempre su libertad de movimiento. Muchos eran indígenas que habían abandonado sus poblados tradicionales y al vivir en los centros mineros evadían las cargas fiscales que pesaban sobre la población indígena. En las minas se pagaban generalmente salarios altos; además, por el sistema llamado de buscones, el trabajador podía llegar a tener una categoría de copartícipe en la explotación de una veta. Entonces recibía un pago proporcional a la cantidad de metal que hubiera extraído.

Por esas circunstancias los centros mineros atraían a una gran cantidad de trabajadores. Acudían a ellos trabajadores permanentes o temporales de las más lejanas regiones del país. Sin embargo, las labores en las minas eran siempre azarosas, pues las caracterizaba la incertidumbre por la "bonanza". Esa inestabilidad permitía que en ese mundo minero floreciera la especulación y la estafa.

El producto de las minas, aunque generara actividad en el interior de la colonia, tomaba siempre el camino del exterior. La moneda acuñada o el metal en lingotes salía anualmente rumbo a España, con la flota, y dejaba a Nueva España desprovista de circulante. Es claro que esa situación afectaba directamente al comercio.

El comercio de Nueva España funcionó durante la época colonial según un esquema monopolista y centralizado. Reproducía en el interior de la colonia la estructura del comercio español trasatlántico, que comienza a funcionar desde finales del siglo xvi. Dentro de ese sistema, la corona, que quería sacar el mayor provecho fiscal de todas las transacciones comerciales, dispuso que toda mercancía destinada a la colonia se embarcara por un solo puerto, Sevilla hasta el siglo xviii y después Cádiz. La obligación requerida a los comerciantes de embarcar las mercancías por un solo puerto permitía que se pudieran cobrar los impuestos de los productos aunque éstos no hubieran sido elaborados en España. Los comerciantes de Sevilla eran muchas veces simples intermediarios de otros comerciantes europeos y el puerto español un lugar de tránsito para mercancías de Inglaterra, Francia y Holanda, que salvaban por ese medio la prohibición de comerciar en las colonias americanas.

Dentro del sistema de comercio colonial diseñado por la corona española, los productos destinados al mercado de las colonias y el metal precioso que se embarcaba en el retorno debían viajar "en flota", custodiados por numerosas naves bien provistas de pertrechos militares. Era ésta la mejor manera de salvar las acechanzas de los piratas ingleses y holandeses que esperaban la oportunidad del retorno de la flota para capturar su carga de metales preciosos.

El mantenimiento de un sistema de esas características era muy costoso, y se financiaba elevando los precios de los productos a las colonias que los importaban. Es decir, el mantenimiento de este sistema producía un aumento proporcional en los precios a medida que aumentaban las distancias geográficas. Además, un sistema tan costoso sólo permitía que se hiciera un viaje por año y que las colonias siempre quedaran ayunas de los productos europeos que requerían.

El comercio de la colonia con España se definía, pues, por una situación particular de oferta limitada y un mercado cautivo. Con ello, la metrópoli podía vender los productos europeos a precios muy altos con la seguridad de que serían comprados en la colonia.

Una vez al año, cuando llegaban las flotas trasatlánticas o el galeón traspacífico, las ciudades de Jalapa y Acapulco se convertían en los centros de grandes ferias comerciales. En ellas se vendían los productos importados, pero sólo los grandes comerciantes monopolistas de la ciudad de México estaban en condiciones de comprar grandes lotes de productos y esperar a que se vendieran poco a poco durante el resto del año.

Esta situación permitió que se concentrara la actividad comercial en la ciudad de México. El monopolio comercial que se centraliza en la ciudad capital prefigura el papel que ésta desempeñará a lo largo de la época colonial.

Así, el siglo XVII, el siglo de "depresión", el siglo "ignorado" y "olvidado", es precisamente la época en que se definen las principales estructuras de nuestra historia colonial. Es entonces cuando se consolida definitivamente el esquema de la dominación, cuando se definen los mecanismos de una economía dependiente.

III. EL PERIODO FORMATIVO

Luis González

EL SIGLO DE LAS LUCES

Por 1740, después de doscientos años de ser parte dependiente del imperio español, la Nueva España (o México como se le llama ahora) entró en una era de cambios conocida con los nombres de *Ilustración* y *Siglo de las Luces*. En este siglo, que va del reinado de Fernando VI (1746-1759) y el virreinato de Francisco de Güemes, conde de Revillagigedo (1746-1755) al reinado de Carlos IV (1788-1808) y al virreinato de José de Iturrigaray (1803-1808), la Nueva España amplía su territorio y su población, se enriquece, cambia de sistema político, procrea un nuevo grupo social, se ilustra, se da cuenta de sí misma y se prepara para hacer vida aparte e independiente de la nación española.

Los mexicanos del siglo xviii quisieron emular a los españoles del xvi en las empresas de conquista. En 1721 someten a los indios de Nayarit y afirman para la Nueva España el dominio de la vastísima provincia de Texas. Poco después, don José de Escandón conquista a Nuevo Santander o Tamaulipas. En fin, para no dejarse ganar de los rusos que venían hacia el sur desde Alaska, y de los ingleses que se expandían a partir de sus colonias del noreste norteamericano, se organizan expediciones de reconocimiento y estudio a las zonas costeras del Pacífico norte y se promueven las misiones jesuíticas y franciscanas en la larga región de las Californias. Aunque no fueron tan lucidas y espectaculares como las empresas conquistadoras del siglo xvi, las difíciles conquistas del xviii duplicaron el territorio de la Nueva España e hicieron de ella un país de más de cuatro millones de kilómetros cuadrados, el más grande de la América Hispánica, y el segundo de todas las Américas, sólo menor que el Brasil.

Aunque en el Siglo de las Luces no desapareció el azote de las pestes, pues las hubo muy mortíferas, como la que en 1735-1737 causó un millón de muertos, se pasó en aquella centuria de un par a media docena de millones de habitantes. El que se haya triplicado la gente apenas se debe a la expansión territorial de la colonia, pues contribuyó más una afluencia mayor de españoles y el crecimiento natural. Desde principios del siglo XVIII estuvieron llegando a la Nueva España grupos importantes de pobres de la vieja España, ya no de Andalucía y Extremadura, como en los siglos XVI y XVII, sino del norte español, de las provincias Vascongadas, Asturias y Galicia. Los nuevos criollos, que hicieron tanto bulto al final del siglo XVIII, descendían de padres vascos, montañeses y gallegos. Hacia 1800 los criollos sumaban ya un millón, el dieciséis por ciento del total demográfico. Por lo menos la mitad vivía en ciudades. A los criollos se debe el desarrollo urbano de México, que sobrepasó la cifra de cien mil moradores; de Puebla, que llegó a los setenta mil; de Guanajuato, que alcanzó los cincuenta mil; de Guadalajara, Zacatecas, Oaxaca y Valladolid que subieron a veinte mil cada una.

Un sesenta por ciento de la población siguió siendo india, y cosa de un veinte por ciento, mestiza. El gran siglo del mestizaje había sido el XVI. Con todo, los mestizos del siglo XVIII nunca se dejaron alcanzar por los criollos, y como éstos, buscaban el abrigo de las ciudades. Los negros y mulatos mantuvieron su prestigio de minoría ignominiosa alojada en las tierras calientes y en los reales de minas.

La Nueva España crece y prospera en el Siglo de las Luces. El territorio se duplica, la población se triplica y el valor de la producción económica se sextuplica. La minería, sin dejar de ser esclavizante e inhumana, pasó de labrar 3 300 000 pesos en 1670, a 13 700 000 en 1750 y a 27 millones en 1804. A fines de aquel siglo, la producción argentífera mexicana igualó a la del resto del mundo. La industria tuvo un desarrollo digno de nota en la rama textil. Los telares de la capital, de Puebla, Guadalajara, Querétaro, Oaxaca y Valladolid, se activaron muchísimo. También se hicieron notar por su crecimiento y mejoría la loza y los hierros forjados de Puebla, Guadalajara y Oaxaca, y por su relativa novedad, los aguardientes y los tabacos labrados. Una idea del avance del comercio exterior lo da el hecho siguiente: en la cuarta década del siglo desembarcaron en Veracruz 222 navíos; en la última década, alrededor de 1 500. La libertad de comercio, que comenzó a implantarse en 1765, impulsó al comercio exterior, todo o casi todo en manos de españoles o gachupines. A la agricultura indígena, la agricultura del maíz y el maguey de las comunidades, no llegan las luces del siglo; ni aumenta ni se mejora. La agricultura criolla, la del trigo, la caña de azúcar y el tabaco de las haciendas, avanza cautelosamente; acepta nuevos cultivos, como el café, y en pequeñas dosis, nuevas técnicas de labranza. Tampoco será la ganadería, ni mayor ni mejor tratada ahora que antes, la causa de la opulencia alcanzada por México en las postrimerías de la colonia, opulencia que se ve en las últimas grandes construcciones barrocas y en las primeras neoclásicas, y sobre todo, en el aumento de las rentas reales, que ascienden de cinco millones y medio en 1763 a veinte millones en 1792. Para 1800, México se había convertido en uno de los países más ricos del orbe, en un país de "mucha riqueza y máxima pobreza".

Los reyes de España, especialmente Carlos III, que gobernó desde 1759 hasta 1788, y los virreyes de la Nueva España, sobre todo los marqueses de Cruillas y Croix, que gobernaron sucesivamente desde 1760 hasta 1771, Bucareli, virrey de la década de los setenta, Gálvez, en el decenio de los ochenta, y el segundo conde de Revillagigedo desde 1789 hasta 1794, atribuían el progreso de la colonia a la acción del despotismo ilustrado, sistema que consistió en una docena de prácticas político-administrativas. El órgano central del gobierno metropolitano para las posesiones de América deja de ser el pachorrudo Consejo de Indias, y comienza a serlo la dinámica Secretaría del Despacho de Indias. Al gobierno de la Nueva España, aparte de ponerle

virreyes activos y enérgicos, se le añade la Intendencia, un
órgano regional de mando y promoción. Desde 1786 se divide el país en Intendencias, base de la futura división en
estados. Al frente de cada una se puso un intendente con
las obligaciones básicas de levantar mapas topográficos de
su provincia, hacer estudios económicos regionales, distri-
buir entre el público información científica y técnica, construir caminos y diversas obras de infraestructura, embelle-
cer las ciudades y castigar a ociosos y malentretenidos.

Conforme a la nueva política, en el último tercio del siglo XVIII se hace el primer censo de la población mexicana;
se escriben memorias e informes económicos de todo orden; se dibujan mapas; se otorgan ayudas y becas a investi-
gadores y estudiantes; se suministra y difunde información
para combatir padecimientos y rehacer la vida económica;
se aporta capital y técnica a la minería; se funda el real Seminario de Minería; se importan mineros de Alemania; se
construyen la fábrica de explosivos de Santa Fe, la Escuela
de Hilados de Tixtla, el Jardín Botánico de México, la Escuela de Bellas Artes y otras instituciones científicas, educativas
y revolucionarias.

En otro orden, si no se logró acabar con la mugre, sí se
consiguió diminuir el hábito del "agua va", que era la voz terrible que servía para anunciar el lanzamiento de orines y ex-
crementos a la calle. La ciudad de México, una ciudad que
pasa entonces de los cien mil vecinos, cambia su fisonomía y
costumbres; se llena de casas palaciegas; permite el tránsito
de coches, y obtiene por vez primera iluminación nocturna.
Los hábitos de los de arriba se afrancesan. En el séquito de
los gobernantes españoles, vienen cocineros, peluqueros y
sastres franceses. Por influencia francesa se ponen de moda
los saraos y las fiestas campestres, el cortejo y la marciali-
dad. Para no ir la zaga de París, se instalan en México billares,
fondas, casas de trucos, botillerías y cafés. A las mujeres de la
alta sociedad, antes tan austeras e introvertidas, encerradas en

un hogar del que sólo salían de visita o a la iglesia, les da por reunirse en tertulias, dejarse cortejar y cometer liviandades. Las mujeres del pueblo siguieron más o menos como siempre, pero sus maridos dieron en la costumbre de la embriaguez. La música se extendió por dondequiera y el baile por parejas sustituyó en gran medida a las antiguas danzas y jarabes. El Siglo de las Luces fue famoso por los fandangos y regocijos públicos, y las grandes pachangas privadas.

Con todo, el crecimiento territorial, la prosperidad económica, el reajuste político administrativo y las nuevas costumbres, sólo afectaron positivamente a una mínima parte de la población neoespañola. En el Siglo de las Luces, México creció y mejoró para una minoría de gente pálida, para los nacidos en España y algunos de sus descendientes. Fuera de ellos, los demás empeoraron o se quedaron como estaban, adscritos de por vida a las haciendas y comunas, maltratados en los obrajes, esclavizados en minas e ingenios, sin pizca de libertad, sin fortuna y sin letras.

En 1803, Alejandro de Humboldt, joven sabio alemán de visita en México, encontró al país que visitaba grande y rico, campeón mundial en la producción de oro y plata, pero con la mayoría de sus vecinos miserables e incultos. Cuando Humboldt se va de la máxima posesión española en América, propala a los cuatro vientos: "México es el país de la desigualdad, existe una desigualdad tremenda en la distribución de la riqueza y de la cultura".

Un contemporáneo de Humboldt, menos decorativo y famoso que el sabio alemán, el obispo de Valladolid, decía que en México sólo había dos grupos: "Los que nada tienen y los que lo tienen todo." Eran del primero cinco millones de indios, mestizos y mulatos y cerca de un millón de blancos. Pertenecían al segundo grupo, al grupo poderoso y rico, unos veinte mil españoles (dueños de los puestos de mando y de almacenes y comercios) y unos diez mil criollos, poseedores de enormes haciendas y riquísimas minas de plata y de oro. En su clasificación no incluía el obispo a la delgada clase media. Indios, mestizos, mulatos, negros y criollos pobres sólo le deben al Siglo de las Luces el haber procreado una especie humana amiga de los humildes, una clase media que emprenderá en el siglo XVIII una tarea filantrópica comparable a la caritativa de los misioneros del siglo XVI, ya no por quedar bien con la divinidad, sino por razones humanitarias.

Los principales beneficiados con las mudanzas del siglo fueron los españoles residentes en la Nueva España. Como gobernantes, acrecieron su poder y como mercaderes aumentaron su riqueza. En segundo término salió beneficiada la aristocracia criolla, dueña de minas y haciendas. En tercer lugar obtuvieron beneficios, principalmente de índole cultural, algunos criollos o blancos comunes y corrientes que desde entonces se convertirían en el germen de una clase media y en la parte más dinámica de la población. A esos hombres nuevos se les conoce con el nombre de los humanistas. Al principio sólo fue una docena de ensotanados. Con el tiempo, llegaron a ser millares de criollos de diversas órdenes religiosas y de la sociedad laica: médicos, abogados, mercaderes y oficiales del ejército.

Hacia 1760 los jesuitas jóvenes de la Nueva España le perdieron el cariño y el respeto a la vieja España y le cobraron amor e interés a México. Dejan de sentirse vástagos de una raza y comienzan a considerarse hijos de una tierra. Se apartan sentimentalmente de sus coterráneos. Les niegan el título de padres y hermanos a los descoloridos españoles y se lo dan a los oscuros nahuas. Se dicen descendientes del imperio azteca y proclaman con orgullo su parentesco con los indios. Éstos, hasta entonces despreciados, empiezan a ser vistos como iguales. El jesuita criollo Pedro José de Márquez defiende la tesis de que "la verdadera filosofía no reconoce incapacidad en hombre alguno, o porque haya nacido blanco o negro, o porque haya sido educado en los polos o

en la zona tórrida". El padre Francisco Xavier Clavijero ase-
gura que los indios son tan "capaces de todas las ciencias"
como los europeos.

Además de indigenista, el incipiente patriotismo de
aquellos hombres fue telúrico. Les brotó un amor desmesu-
rado por la geografía de México. Sintieron que su país era
un paraíso, una fuente de la eterna juventud, un cuerno de
la abundancia; en suma, "el mejor país de todos cuantos cir-
cundan el sol". Proclamaron a voz en cuello: "¡Habitantes de
México! Vivid satisfechos porque vuestro suelo no cede a
ningún otro, ya se considere lo saludable que es, su abundancia de inocentes aguas y víveres, lo benigno de su temperamento, la hermosura de sus contornos." Aun los que re-
conocían el subdesarrollo de México, como el padre Juan
Luis Maneiro, gritaban orgullosamente:

Yo cedo por Tacuba, pueblo inmundo,
Roma, famosa capital del mundo.

Un tercer rasgo de aquel grupo de jesuitas fue su liberalismo intelectual, opuesto al corsé escolástico. El padre Rafael Campoy propuso "buscar en toda la verdad, investigar minuciosamente todas las cosas, descifrar los enigmas,
distinguir lo cierto de lo dudoso, despreciar los inveterados
prejuicios de los hombres y pasar de un conocimiento a otro
nuevo". Sus colegas dispusieron, para cumplir ese vasto programa, darse a la lectura de los filósofos y científicos europeos. De unos y otros tomaron métodos para la reflexión, la
investigación y la enseñanza.

Carlos III decretó en 1767 la expulsión de los jesuitas de
todos sus dominios. El marqués de Croix, virrey de la Nueva
España, hace venir a su presencia al impresor Antonio de
Hogal; lo conduce a un balcón del palacio, y le entrega allí
los originales de un bando mientras le dice: "Este bando se
imprime ahora mismo en la casa de usted, bajo el concepto

de que si se divulga su contenido antes de su publicación el día de mañana, lo mando ahorcar en este mismo balcón." El bando ordenaba la inmediata salida de los jesuitas y estaba rubricado con esta frase: "De una vez por lo venidero deben saber los súbditos del Gran Monarca que ocupa el trono de España que nacieron para callar y obedecer y no para discurrir y opinar en los altos asuntos del gobierno."

Expulsados los jesuitas, varios de sus exalumnos que en 1767 tenían entre 20 y 40 años de edad, no todos ricos y sólo algunos sacerdotes, llevaron adelante la renovación iniciada por sus maestros. Benito Díaz de Gamarra, autor de los célebres *Errores del entendimiento humano*, el enciclopedista José Antonio Alzate, el médico y matemático José Ignacio Bartolache, los astrónomos Antonio León y Gama y Joaquín Velázquez de Cárdenas y el físico José Mariano Mociño encabezaron una generación de criollos humanistas afectos al estudio individual y silencioso, la moderna ciencia experimental y el periodismo científico. Gracias al nuevo equipo de sabios mexicanos, en las escuelas de la "ilustración", como el Seminario de Minería y el Jardín Botánico, dejaron de oírse "aquellos desaforados gritos pulmonares que eran la contraseña de los peripatéticos cuando pretendían descubrir la verdad". También se abandonaron la oratoria y el mamotreto como medios de expresión y propaganda. Los nuevos frutos intelectuales vieron la luz pública en periódicos de vida efímera: el *Mercurio Volante*, los *Asuntos varios sobre ciencias y artes útiles*, la célebre *Gaceta de Literatura* y otros medios afanosos de difundir conocimientos prácticos para la modernización económica de México.

En 1786, el hambre que cada once años padecían indios, negros y castas culminó en la "gran hambre". Pocas lluvias y heladas intensas produjeron una extrema necesidad que obligó a la mayoría de la gente "a comer raíces y yerbas como brutos", que deshizo familias, que hizo a muchas mujeres "vender hijos e hijas por dos o tres reales", y que mató a más de cien mil mexicanos. Y apenas pasada el hambre, el gobierno, asustado por la Revolución francesa, fruto notorio del Siglo de las Luces, deja de ser promotor de cambios y mejoría, pone el acento en el despotismo e intenta contener la "ilustración".

El meter freno resulta contraproducente. La juventud criolla formada por nacidos entre 1748 y 1764 ya no soportará el recrudecimiento de la tiranía, maldecirá el espectáculo de la gran hambre y no será insensible a las soluciones planteadas por la Revolución francesa, la independencia de trece colonias británicas de América y la constitución de los Estados Unidos. De hecho, aunque la nueva generación criolla prosigue el estudio de México, ya no lo hace como sus predecesores. Emprende, con técnicas estadísticas, el análisis de la sociedad y el estado de su país. Sigue interesada en hacer progresar a México, pero se interesa sobre todo en la adquisición de una patria honorable.

Del estudio político y social resulta una patria de presente deshonroso y de porvenir color de rosa. Su presente eran la disigualdad social, el despotismo político y la dependencia de España. Removidos despotismo y desigualdad al modo de la revolución de Francia, y la dependencia a la manera de Estados Unidos, se abría para México, el país de las riquezas fabulosas, un porvenir espléndido. Los criollos humanistas proponían como remedio contra la desigualdad el acabar con el sistema de tutela para los indios, el hacer a todos iguales ante la ley, el repartir entre sus condueños las tierras de las comunidades indígenas y el dejar hacer y dejar pasar. Contra el despotismo político esgrimían la doctrina de la soberanía popular. Contra la dependencia, fundamentaron la necesidad y las ventajas que le acarrearía a la Nueva España el separarse de la vieja España.

La idea de la independencia se difunde y procrea los primeros brotes de lucha. En 1793 se descubre en Guadalajara una conspiración de 200 criollos acaudillados por el padre

Juan Antonio de Montenegro, vicerrector del colegio tapatío de San Juan Bautista. En 1794, en la capital, se produjo la conjura hecha por el contador Juan Guerrero. En 1799, también en la ciudad de México, fue la conspiración de los machetes, en la que participaron bastantes individuos con el propósito de hacer una guerra para sacudirse a los europeos. Sobre todo, desde 1796 la mala voluntad contra el régimen español creció como verdolaga en la capital del reino y en las mayores ciudades de la provincia. Desde 1796, cuando España entró en guerra con la Gran Bretaña, cuando se suspendió la importación a México de productos manufacturados de España a causa de esa guerra, cuando los buques de diversos países abastecieron a los mexicanos mejor que los españoles, cuando la industria local pudo suplir ventajosamente mucho de lo antes importado con lo hecho en casa, la independencia ya no sólo pareció ideal, sino también hacedera. Sin embargo, la mayoría de los criollos esperó un momento más oportuno para declarar independiente a su patria, pues no quería una independencia muy costosa. Y sin embargo, el hombre propuso y las circunstancias dispusieron. Lo que se quería pronto y fácil se obtuvo después de muchos años mediante una lucha difícil, sangrienta y sumamente destructiva.

2

LA REVOLUCIÓN DE INDEPENDENCIA

LOS CRIOLLOS de la clase media, como ya se vio, andaban con la obsesión de la independencia. Tampoco los ricos, los criollos latifundistas y mineros, deseaban compartir la riqueza de su patria con la gente de la nación española. Unos y otros querían algo en común: mandar en casa y ser dueños de todo el ajuar de la misma. Unos y otros buscaban sacudirse el yugo, y ambos encontraron la coyuntura para poner en práctica sus ideales en 1808. Ese año Napoleón, uno de los mayores conquistadores de todos los tiempos, ocupó España. Los españoles se opusieron al invasor, y los mexicanos que habían dejado de sentirse españoles, trataron de aprovecharse de la crisis española para hacerse independientes según se ve en los versos que un día amanecieron pegados en los muros de la capital:

Abre los ojos pueblo mexicano
y aprovecha ocasión tan oportuna.
Amados compatriotas, en la mano
las libertades ha dispuesto la fortuna;
si ahora no sacudís el yugo hispano
miserable seréis sin duda alguna.

Por el mismo tiempo, el fraile Melchor de Talamantes hacía circular escritos subversivos en los que afirmaba que el territorio mexicano, por tener "todos los recursos y facultades para el sustento, conservación y felicidad de sus habitantes", podía hacerse independiente y que, además de posible, la independencia era deseable porque el gobierno español no se ocupaba del bien general de la Nueva España, como se ocuparía un gobierno libre, constituido por mexicanos. Así las cosas, el virrey resolvió hacer juntas representativas del reino. El ayuntamiento sostuvo en ellas la conveniencia de reunir un congreso nacional. El virrey aceptó la idea, pero un rico comerciante y latifundista español, al frente de peones, empleados y varios gachupines, depuso al virrey la noche del 15 de septiembre; mandó a la cárcel a los patriotas Francisco Azcárate, Primo de Verdad y Melchor de Talamantes, y se dio el lujo de nombrar, como sucesores del virrey depuesto, a un mílite de máxima graduación y al clérigo máximo del país.

El golpe resultó contraproducente. Mientras los españoles se dieron a denunciar criollos ante la junta de seguridad, formada entonces para juzgar y castigar a los sospechosos de infidencia, los criollos de la medianía decidieron asumir soluciones revolucionarias.

Se conspiró en muchas partes, pero los conjurados de Querétaro, San Miguel y Dolores, al ser denunciados se pusieron en pie de lucha. En la madrugada del domingo 16 de septiembre de 1810, el padre y maestro Miguel Hidalgo y Costilla, viejo acomodado, influyente y brillante, exalumno de los jesuitas y cura del pueblo de Dolores, puso en la calle a los presos y en la cárcel a las autoridades españolas del lugar; llamó a misa, y desde el atrio de la iglesia incitó a sus parroquianos a unírsele en una "causa" que se proponía derribar al mal gobierno. La arenga del párroco en aquel amanecer se denomina oficialmente "Grito de Dolores", y se considera el punto culminante de la historia mexicana.

El padre sale de su parroquia con 600 hombres, pero en pocos días reúne cerca de cien mil entre morenitos y criollos procedentes de la minería, la agricultura y los obrajes. Aquella muchedumbre, más que ejército, parecía una manifestación armada con palos y hondas. Sin resistencia entró en San Miguel, Celaya y Salamanca. Guanajuato, la importante ciudad minera, cayó después de sangrienta lucha y fue entregada al robo. El obispo de Michoacán excomulgó a Hidalgo, pero éste condujo su "ejército" a la capital michoacana y obtuvo que el cabildo catedralicio le levantara la excomunión. Después de Valladolid se encaminó hacia México, que se hallaba poco protegido; ganó la batalla del Monte de las Cruces; pidió parlamentar con el virrey, y antes de recibir respuesta, ordenó la retirada, durante la cual fue derrotado en San Jerónimo Aculco por el general español Félix María Calleja.

Mientras tanto había habido insurrecciones en muchas partes del país. Rafael Iriarte levantó luchadores en León y Zacatecas, y los frailes Herrera y Villerías hicieron otro tanto al apoderarse de San Luis Potosí. En el noroeste hubo la sublevación del capitán Juan B. Casas, que aprehendió al gobernador de Texas; la declaratoria proindependencia del gobernador de Nuevo León, y las defecciones de las tropas virreinales en Coahuila y Tamaulipas. En el centro se formaron los grupos de Tomás Ortiz, Benedicto López, Julián y Chito Villagrán, Miguel Sánchez y otros. En el sur comenzó la callada actividad de don José María Morelos, cura de Carácuaro y Nocupétaro. En el occidente hubo tres levantamientos mayores; el que encabezó José María Mercado, cura de Ahualulco, se hizo de Tepic y del puerto de San Blas; el de José María González Hermosillo se adueñó de casi toda Sinaloa, incluyendo el puerto de Mazatlán. El de José Antonio Torres, nacido en el Bajío de Guanajuato, juntó mucha gente y entró a Zamora. La "flor de la juventud de Guadalajara" quiso contenerlo. La batalla fue en las inmediaciones de Zacoalco. Los de Torres produjeron sobre los jóvenes tapatíos tal lluvia de piedras, arrojadas con hondas, que mataron a muchos y pusieron en fuga a los demás. Torres y los suyos entraron en Guadalajara el 11 de noviembre de 1810.

Hidalgo, después de la derrota de Aculco, se dirigió también a Guadalajara, donde expidió decretos sobre el uso exclusivo de las tierras de comunidad por sus dueños, la abolición de la esclavitud en beneficio de seis mil negros, la extinción de los monopolios estatales del tabaco, la pólvora y los naipes, y la supresión de los tributos que pagaban los indios. También trató de organizar un gobierno, un ejército y un periódico, que se denominó *El Despertador Americano*. El ejército se compuso con más de 30 000 hombres, y se enfrentó al de Calleja en el Puente de Calderón. Perdido el combate, algunos restos de las tropas revolucionarias se dirigieron a Zacatecas en busca del apoyo de Iriarte; pero, amagados por Calleja, continuaron hacia el norte donde cayeron en la trampa que les tendió un exjefe del movimiento libertador de Coahuila. Los cautivos comparecieron ante un consejo de guerra e Hidalgo, condenado a muerte, sufrió su pena el 30 de julio de 1811. Con todo, Ignacio López Rayón, quien trató de reunir a los insurgentes en la Junta de Zitácuaro, y un grupo que fue como representante de México a un congreso de España, siguieron peleando por la independencia.

Mientras una parte de los mexicanos luchaba contra el gobierno virreinal con palos, piedras y lo que podía, otra aceptaba la invitación del nuevo gobierno peninsular nacido de la lucha contra Napoleón de elegir diputados para un congreso que se reuniría en Cádiz en 1811. A él fueron diecisiete diputados de México, todos criollos, menos uno; los más, eclesiásticos y jóvenes de clase media. Exigieron allá igualdad jurídica de españoles e hispanoamericanos, extinción de castas, justicia pareja, apertura de caminos, industrialización, gobierno de México para los mexicanos, escuelas, restablecimiento de los jesuitas, libertad de imprenta y declaración de que la "soberanía reside originalmente en el pueblo". Algunas exigencias criollas lograron triunfar y fueron incorporadas a la constitución expedida por aquel Congreso en marzo de 1812.

La Constitución Política de la Monarquía Española, dada en Cádiz, reemplazó la soberanía del rey por la de la nación, confirió el poder real al ejecutivo y le quitó al rey los otros dos poderes. Fue una constitución de índole liberal para proteger los derechos individuales, la libre expresión en asuntos políticos y la igualdad jurídica entre españoles y americanos. El virrey Venegas la promulgó en México en septiembre de 1813, y procedió desde luego a darle cumplimiento. Fue publicada y jurada por todos los pueblos y por todas las corporaciones. Venegas puso en práctica la libertad de imprenta e hizo elegir democráticamente ayuntamientos, diputados a Cortes y diputados a las cinco diputaciones provinciales que operarían en México. Con todo, la Constitución de Cádiz funcionó tarde, poco y mal. Sólo estuvo vigente cerca de un año. El grupo español y los criollos ricos se opusieron a ella. El virrey Calleja, sucesor de Venegas, la abolió en agosto de 1814. Tal medida engrosaría las filas insurgentes; varios intelectuales criollos, al restablecerse el régimen autoritario, decidieron unirse al ejército del cura Morelos, hombre inteligente e inculto que ignorado y despreciado en un principio, había ido creciendo "en poder e importancia, y como aquellas nubes tempestuosas nacidas en la parte del sur, cubrió en breve una inmensa extensión de terreno". Teniendo como música de fondo e himno aquella canción que empieza

> Por un cabo doy un real,
> por un sargento, un tostón,
> por mi general Morelos
> doy todo mi corazón,

los seguidores de Morelos hicieron campañas brillantísimas en 1812 y 1813. En un santiamén se apoderaron de Oaxaca y del general González Saravia, jefe supremo de los ejércitos virreinales. El 12 de abril de 1813 fue la toma de Acapulco, que Morelos rubricó con esta sentencia: "La nación quiere que el gobierno recaiga en los criollos, y como no se le ha querido oír, ha tomado las armas para hacerse entender y obedecer".

Todo parecía decir que la muerte de la dominación española estaba próxima. Por eso Morelos resolvió hacer un congreso nacional que le diera una constitución política al país a punto de nacer. El Congreso de Anáhuac se formó con distinguidos intelectuales criollos de toga y sotana: Carlos María de Bustamante, exdirector del *Diario de México*; Ignacio López Rayón, expresidente de la Junta de Zitácuaro y autor de unos "Elementos constitucionales"; el padre José María Cos, "un hombre de gran talento y de ingenio fecundo en invenciones", exdirector de dos periódicos insurgentes: *El Ilustrador Nacional* y *El Despertador Americano*; Andrés Quintana Roo, famoso poeta enamorado, periodista y jurisconsulto; el doctor Sixto Verduzco, el militar José María Liceaga, el padre Manuel Herrera y otros. El Congreso sesionó cuatro meses en Chilpancingo. Al inaugurarse, en el discurso conocido con el nombre de "sentimientos de la nación", el cura Morelos les pide a los congresistas las declaraciones de que México es libre e independiente de España, la religión católica la única verdadera y la soberanía dimana inmediatamente del pueblo, y que las leyes "moderen la opulencia y la indigencia" y alejen "la ignorancia, la rapiña y el hurto". Los congresistas aprueban el 6 de noviembre el "acta de independencia" y un manifiesto donde se habla de que "no hay ni puede haber paz con los tiranos".

Al día siguiente Morelos salió de Chilpancingo en busca de nuevos triunfos, pero el tiempo no había pasado en balde. La demora del caudillo en actividades políticas permitió a Calleja organizar, disciplinar y equipar las tropas del virreinato. Morelos fue derrotado en Valladolid y los realistas penetraron en el sur. El Congreso tuvo que andar peregrinando por distintos lugares, y cuando llegó a Apatzingán, en octubre de 1814, dio a conocer la Constitución, inspirada en la francesa de 1793 y la española de 1812. En los 41 primeros artículos establece: la católica será la religión del Estado; la soberanía reside en el pueblo; el ejercicio de la soberanía corresponde al Congreso; la ley es la expresión de la voluntad general, y la felicidad de los ciudadanos consiste en el goce de la igualdad, la seguridad, la propiedad y la libertad. 196 artículos se refieren a la forma de gobierno, que debía ser republicano centralista y dividido en tres poderes. El legislativo, compuesto por diecisiete diputados, estaba por encima del ejecutivo, del que serían titulares tres presidentes, y del judicial, comandado por un Supremo Tribunal de cinco individuos.

La Constitución de Apatzingán jamás estuvo en vigor. Cuando se promulgó, los insurgentes habían sido desalojados de las provincias del sur. A Morelos ya sólo le quedaba un millar de hombres cuando los de Calleja llegaron a ochenta mil. Morelos fue hecho prisionero y fusilado el 22 de diciembre de 1815 en San Cristóbal Ecatepec.

Muerto el "Rayo del Sur", la lucha por la independencia se quedó sin jefes famosos, pero no sin ánimos. Unos grupos continuaron la guerra desde numerosos fuertes y reductos; otros emprendieron la guerra de guerrillas, y otros hicieron una campaña corta y deslumbrante. El padre Marcos Castellanos se hizo fuerte en una isla del lago de Chapala; Ramón Rayón se fortificó en Cóporo, donde rechazó varios asaltos; Ignacio López Rayón se encerró en Zacatlán; Manuel Mier y Terán se remontó a Cerro Colorado, Pedro Moreno al Sombrerete y Pedro Ascencio al Barrabás.

Fuera de los reductos fortificados peleaban numerosas partidas de indios, mestizos y mulatos. Las ganas de salir de la miseria y de tomar venganza por viejos agravios eran su guía. Usurpaban propiedades y quitaban vidas. Las de los Villagrán y Osorno hicieron de las suyas en los alrededores de Pachuca y los llanos de Apan. Las de Gómez de Lara (el Huacal), Gómez (el Capador), Bocardo (coronel de coroneles), Arroyo, los Ortices, Olarte, Pedro el Negro y otros fueron famosas por sus crímenes. Todas causaron cuantiosos daños y molestias al régimen y a los particulares pudientes. Ninguna era bien vista por los criollos ricos, pero contaban con las simpatías de la gran masa de la población.

Francisco Xavier Mina, quien vino a Nueva España en 1817 a luchar "por la libertad y por los intereses del imperio español", se puso del lado de los insurgentes; Mina, que traía hombres, armas y dinero de Inglaterra y Estados Unidos, tras de haber ganado batallas que le permitieron llegar a Guanajuato, cayó preso y fue muerto delante del Fuerte de los Remedios. Tampoco resisten mucho la mayor parte de los jefe metidos en islas, cerros y barrancas. Castellanos capitula a fines de 1816; Rayón y Mier y Terán a principios de 1817. En 1818 sucumben los fuertes de los Remedios y Jaujilla. Por otra parte, el virrey Apodaca, sucesor de Calleja, aplica una política de indultos y consigue que muchos héroes de la resistencia acepten abandonar las armas. Otros se esconden, como Guadalupe Victoria, y más de alguno es derrotado. Para 1819 sólo quedan en pie de lucha en los breñales del sur algunos guerrilleros menores como Pedro Ascencio y Vicente Guerrero.

La mayoría de los criollos había aceptado la derrota cuando una nueva coyuntura los puso en el camino de la independencia que no de la libertad y de las reformas sociales.

En 1820 una revolución de signo liberal obligó a Fernando VII a restablecer la Constitución de Cádiz. Las Cortes, compuestas de liberales exaltados, dispusieron medidas contra los bienes y las inmunidades del clero. La noticia de esos cambios causó profunda pena en el grupo español y la aristocracia criolla de México. El virrey Apodaca se negó a poner en vigor la Constitución de Cádiz y apoyó el Plan de la Profesa, donde se sostenía que mientras el rey estuviese oprimido por los revolucionarios, su virrey en México debía gobernar con las Leyes de Indias y con entera independencia de España. Pero cuando el gobernador Dávila se vio obligado a proclamar el orden constitucional en Veracruz, el virrey declaró restablecida la Constitución en todo el virreinato, y convocó desde luego a elecciones municipales, instauró la libertad de imprenta y desencadenó, sin quererlo, la actividad en los grupos sociales organizados. El grupo español que sostenía el Plan de la Profesa trató de ponerlo en práctica. Los criollos ricos, que ya en 1808 habían manifestado su interés por la independencia, vieron el momento oportuno para conseguirla sin necesidad de introducir reformas sociales. Ambos grupos coincidieron en el jefe que había de llevar adelante sus propósitos, en el coronel criollo Agustín de Iturbide, hombre valiente, cruel, parrandero y simpático, que siempre fue feliz en la guerra.

Apoyado por el alto clero, los españoles y los criollos mineros y latifundistas, Iturbide, que a la sazón trataba de reducir a Guerrero, pactó con éste y lanzó el Plan de Iguala o de las Tres Garantías: religión única, unión de todos los grupos sociales e independencia de México con monarquía constitucional y rey prefabricado en alguna de las casas reinantes de Europa. Luego emprendió una doble campaña diplomática y militar que en cinco meses lo hizo todo. La diplomática consistió en haberse ganado la amistad de los jefes insurgentes contra los que años antes había combatido. La campaña militar fue breve y casi incruenta. Muchas guarniciones se adhirieron voluntariamente. Otra vez, como en 1808, los españoles de la capital destituyeron al virrey Apodaca, inculpándolo de los triunfos de Iturbide, y nombraron sucesor al mariscal Novella. A los pocos días llegó de España Juan O'Donojú con el cargo de virrey; aceptó negociar con Iturbide y puso su firma, el 24 de agosto de 1821, en el Tratado de Córdoba que ratificaba en lo esencial el Plan de Iguala. El 27 de septiembre el ejército trigarante, con Iturbide al frente, hizo su entrada triunfal a México, y el 28 se nombró al primer gobierno independiente.

La consumación de la independencia produce gran entusiasmo. En todas las poblaciones se hacen desfiles con carrozas alegóricas; se construyen arcos de triunfo; hay juegos pirotécnicos y muchas muestras de regocijo general. Los poetas componen odas, sonetos, canciones, marchas y coplas alusivos a la patria liberada. Nacen varios periódicos; se publican folletos; se lanzan hojas volantes y se intercambian cartas que se refieren obsesivamente al hecho de la consumación de la independencia. Se habla de la riqueza y variedad económica de México; se dice que la nueva patria, "por su ubicación, riqueza y feracidad, denota haber sido creada para dar la ley al mundo todo"; se anuncia "a los pueblos que está restablecido el imperio más rico del globo".

Iturbide recibe los epítetos de "varón de Dios" y "padre de la patria". Los intelectuales de clase media hacen proyectos de constitución política y buenas leyes; planes para el fomento de la agricultura, la ganadería, la pesca, la minería, el comercio y la hacienda pública; diseños para hacer más humanas las condiciones del trabajo, para aumentar la población y esparcir la educación y la salud. La mayoría de los proyectos se inspiran en experiencias ajenas. Unos quieren retornar a formas de vida griegas y romanas; otras creen que el modelo a seguir es la joven república de Estados Unidos; varios proponen como norma al imperio de los aztecas. Casi nadie proyecta a partir de las realidades mexicanas del momento. Quizá ninguno de los proyectistas se da cuenta entonces de la cortedad de los recursos naturales, la escasez demográfica y sobre todo del desplome económico, la desorganización social y el desbarajuste político generados en la larga lucha por la independencia. Con muy pocas excepciones, todos cierran los ojos a los obstáculos y únicamente los abren para ver las ventajas de la vida independiente.

EL PARÉNTESIS DE SANTA ANNA

AL ASUMIR su independencia, México era el más extenso de los países hispanoamericanos, y en 1822 se amplió aún más al incorporársele las provincias centroamericanas que medían casi medio millón de kilómetros cuadrados. Con todo, los males geopolíticos eran mayúsculos: aislamiento internacional, líos en las fronteras, separatismo de regiones y deterioro de caminos. Desde la revolución de independencia se paralizó el tráfico naviero con el remoto Oriente, América del Sur y Europa. El Tratado Onis-Adams de 1819 no fijó suficientemente bien el lindero con Estados Unidos. Tampoco eran precisas las demarcaciones del sur y, sobre todo, la línea fronteriza con la colonia inglesa de Belice. La mata de gente no creció durante las guerras de independencia. Dentro de un territorio de 4 665 000 kilómetros cuadrados vivían en 1822 siete millones de habitantes. La guerra contra España había costado seiscientas mil vidas, la décima parte del total; equivale decir, la mitad de la población trabajadora. Aparte de escasa, la población, como en los días coloniales, se apretujaba en el centro; nadie quería ir a la vasta zona del norte que sin gente era un peligro, una invitación al despojo, un arca abierta.

En el orden económico la cosa era peor. La producción minera se redujo en once años de lucha a 6 millones de pesos en vez de los 30 a que llegó en 1810. El valor de la producción agrícola se contrajo a la mitad y el de la industrial a un tercio. En 1822 los ingresos del erario fueron de nueve millones y medio de pesos, y los gastos de trece y medio. Y como si un déficit anual de cuatro millones fuera poco, el naciente país recibió en herencia una deuda pública de 76 millones. La baja de los ingresos estatales no fue puramente pasajera; se debió en gran medida a la abolición de un impuesto injusto: el tributo per cápita de los indios. Tampoco el alza del gasto público podía ser transitorio: había que sostener un ejército numeroso y fuerte para conservar la independencia. La hacienda estaba condenada a un estado de bancarrota crónico y a caer en las garras de los agiotistas, como de hecho sucedió.

En el orden social había mucho que hacer. La declaración de la igualdad jurídica de todos los mexicanos deja a los indios, acostumbrados a un régimen de tutela, indefensos ante los criollos. La igualdad de derechos agudiza la desigualdad de fortunas. Los 3 749 latifundios crecen a costa de los terrenos de las comunidades indígenas. También era de esperarse, con sólo la legislación igualitaria, un empeoramiento de las condiciones laborales del peón y del artesano. Por otra parte, la discordia civil favorece la mezcla de razas y la consolidación de una clase media. A partir de 1821 será ésta la que le dispute el poder a la aristocracia terrateniente.

Al otro día de lograda la independencia salieron a flote las dificultades políticas: inexperiencia de los criollos en la administración pública; inclinación de los caudillos menores a convertirse en reyezuelos de las zonas donde habían luchado; deseos de los caudillos mayores de ser reyes o presidentes del nuevo país; guerra de partidos (falta completa de entendimiento entre monarquistas y republicanos, militares y civiles, clérigos y burócratas); desinterés político de la gran masa de la población; vehemencia política aguda de la minoría y en especial de la clase media.

La Junta de Gobierno, instalada el 28 de septiembre de 1821 y compuesta con 38 aristócratas, tuvo como atribuciones elegir los miembros de la Regencia, fijar las normas para la convocatoria y la elección del Congreso encargado de hacer la constitución política y decidir los símbolos nacionales: el escudo y la bandera. Empezó por lo último, con la declaración de que los colores de la bandera serían el rojo, el verde y el blanco. Acabó con la convocatoria al congreso, en el que la mayoría de los diputados fueron criollos de la medianía, imbuidos de las ideas de las revoluciones francesa y norteamericana y simpatizadores de una forma republicana de gobierno. Los diputados monárquicos eran pocos y se dividían en borbonistas e iturbidistas. Aquéllos querían como monarca a Fernando VII o un pariente suyo de la casa de Borbón; éstos, coronar a Iturbide. El Congreso inauguró sus sesiones el 24 de febrero de 1822. Poco después se supo que las cortes españolas se habían negado a ratificar el Tratado de Córdoba por "ilegítimo y nulo". Con eso los borbonistas, o se retiraban de la lucha política, o se adherían a Iturbide.

A partir de entonces los hechos arreciaron. El Congreso Constituyente, aunque en él predominaban los enemigos de la monarquía, eligió a Iturbide emperador con el nombre de Agustín I. Éste, tras una coronación fastuosa, gobernó once meses, desde mayo de 1822. En agosto supo de una conspiración antiturbidista en la que estaban metidos algunos diputados. En octubre, deshizo el Congreso y nombró en su lugar una junta encargada de hacer un reglamento político provisional y convocar a elecciones de nuevo Congreso. En diciembre, un amigo del borlote, el brigadier Antonio López de Santa Anna, se sublevó en Veracruz y proclamó la república. En enero de 1823, el general Antonio Echávarri, enviado por el emperador para combatir a Santa Anna, pactó con el enemigo. En marzo, Agustín I se arranca la corona, restablece el disuelto Congreso y sale del país. En abril, los diputados disuelven la monarquía y nombran un triunvirato para el desempeño del Supremo Poder Ejecutivo. En julio, las provincias de Centroamérica se declaran independientes de México y en noviembre de 1823 un segundo Congreso proclama la república y elabora una Constitución.

La Constitución de 1824 dividió a México en diecinueve estados y cinco territorios. Facultó a cada estado para elegir gobernador y asambleas legislativas propias, como se hacía en Estados Unidos y según lo tenía previsto la Constitución de Cádiz. El gobierno federal tendría los tres poderes clásicos, según la doctrina de Montesquieu. Al poder Legislativo lo compondrían dos cámaras: diputación y senado. El Ejecutivo debería ejercerlo un presidente, o en su ausencia un vicepresidente. El judicial en su más alto nivel se atribuyó a la Suprema Corte. Por lo que toca a principios, la Constitución de 1824 mantuvo como religión de estado a la católica, prohibió el ejercicio de cualquier otra y ordenó las libertades de palabra e imprenta. Aparte de la Constitución, a los constituyentes del 24 se debe la orden de fusilar a Iturbide, que un pelotón de soldados puso en obra, y las primeras elecciones, en las que salieron electos Guadalupe Victoria para presidente y Nicolás Bravo para vicepresidente, esto es, dos viejos y prestigiados caudillos de la guerra por la independencia, que no dos gobernantes de fuste.

Los sucesos mayores de la administración de don Guadalupe fueron el reconocimiento de la independencia mexicana por Estados Unidos e Inglaterra, las tentativas de unión panamericana, el destierro de los españoles y la lucha por el poder de las masonerías escocesa y yorquina. Los tres primeros países en enviar representaciones diplomáticas a México fueron Chile, Colombia y Perú; el cuarto fue Estados Unidos. El presidente Victoria recibió al primer ministro plenipotenciario de este país, a Joel R. Poinsett, que se distinguiría por su intromisión en la política interna de México. Un día antes se acreditó como encargado de negocios de Inglaterra Henry Ward, que tampoco se abstendría de intrigar. Aquél trabajó para conseguir que se le vendiesen a Estados Unidos las provincias mexicanas del norte; éste, para obtener un convenio comercial muy favorable a la Gran Bretaña. Poinsett, heraldo de la doctrina Monroe, se oponía a cualquier forma de intervención europea en los asuntos internos de México, pero también se opuso al ideal de Bolívar de hacer una alianza ofensiva y defensiva de pueblos de América contra la mala voluntad de los imperios del Viejo Mundo.

Aunque en 1825 había caído en poder de tropas mexicanas el fuerte de San Juan de Ulúa, último reducto español en México, ni España ni los españoles perdieron la esperanza de reconquistar la antigua colonia. Mientras se preparaban expediciones de reconquista en Cuba, los españoles residentes en México conspiraban y por lo mismo el gobierno decidió expulsarlos. La expulsión ayudó a consolidar la independencia, pero fue perjudicial para la economía, pues con los expulsos salieron sus capitales. Entraron en su lugar los onerosos empréstitos exteriores, el dinero y la maquinaria ingleses para la rehabilitación de la minería, y los comerciantes de Hamburgo, Francia, Inglaterra y Estados Unidos.

En ese momento, a las clases directoras de México sólo les interesaban los asuntos políticos, y poco o nada los de índole económica y cultural. La gente de mucho dinero, los antes iturbidistas y borbonistas, o sea los criollos de la alta, crearon logias de rito escocés, núcleo de un partido político de tendencias centralistas. Con gente de una clase media ya más numerosa que la aristocracia, Poinsett formó las logias de rito yorquino, base del partido federalista. La pugna entre escoceses y yorquinos llenó todo el cuatrienio de Victoria y culminó con un levantamiento que pedía la muerte de las sociedades secretas, la salida de Poinsett y el apego a las disposiciones constitucionales. Ese levantamiento militar fue dirigido por don Nicolás Bravo, el vicepresidente de la república y líder de los escoceses y combatido y deshecho por el general Vicente Guerrero líder de los yorquinos. Los prohombres de la masonería escocesa fueron desterrados: los yorquinos se hicieron dueños de la situación y lanzaron las candidaturas de Manuel Gómez Pedraza y Vicente Guerrero para la presidencia del periodo que comenzaría en 1829. Las elecciones las ganó Gómez Pedraza; pero por la fuerza, mediante el motín de la Acordada, Guerrero, el hombre que "nada debía al arte y todo a la naturaleza", llegó a la suprema jefatura, desde la cual tuvo que hacer frente a la expedición de reconquista de un gachupín que con cuatro mil soldados se hizo de Tampico, aunque no por mucho tiempo. Después de un estruendoso combate, capituló ante el general Santa Anna. Entretanto, el general Anastasio Bustamante, que comandaba el ejército de reserva para combatir al invasor, aprovechó las tropas a su mando y tumbó a Guerrero.

El primer día de 1830 asume la presidencia el general Bustamante, otro que "no era capaz de nada". Hace un gobierno fuerte con la ayuda del joven aristócrata don Lucas Alamán, quien propone como metas inmediatas disciplinar al ejército, reajustar la hacienda pública, y reconciliarse con España y con el Vaticano para obtener el reconocimiento de la independencia nacional. La guerra civil se reanuda. El expresidente Guerrero se subleva y cae en poder de sus enemigos, quienes al fusilarlo estimulan el levantamiento del general Santa Anna en Veracruz. Cae Bustamante; sube a la presidencia Gómez Pedraza; convoca a elecciones; contienden como candidatos los generales Mier y Terán y Santa Anna; Mier se suicida; Santa Anna, el paranoico, romántico, activo y voluble prohombre de las logias yorquinas, el señor de los pronunciamientos, se cuelga el título de presidente.

Santa Anna preside pero no gobierna. Mientras él se retira al campo, les deja el poder a José María Luis Mora y Valentín Gómez Farías, del ala radical de los criollos, autores de una triple reforma eclesiástica, educativa y militar. Como se consideró que el clero no atendía las necesidades de los fieles en los pueblos y las aldeas porque se concentraba en las ciudades; que el capital de la iglesia ascendía a 180 millones de pesos que no se destinaban al bien común, y que los eclesiásticos imponían contribuciones onerosas y coartaban la libertad, se dispuso la sujeción de la iglesia al gobierno por medio de un Patronato, la incautación de los bienes clericales y la libertad de pagar diezmos. Como se estimó que la república gastaba 14 millones de un presupuesto total de 13 en sostener cinco mil soldados y dieciocho mil oficiales que la tiranizaban, se suprimen los fueros del ejército y se sustituyen las tropas permanentes y regulares con voluntarios. También se quiso destruir el monopolio educativo, quitar a las órdenes religiosas la facultad exclusiva de la enseñanza.

Varios pronunciamientos dieron al traste con el plan reformista de Mora y Gómez Farías. El mismo presidente Santa Anna, ahora como defensor de los que había combatido, se levantó contra su vicepresidente, se deshizo de él y suspendió sus leyes. Enseguida tuvo que enfrentarse a un problema mayúsculo. En 1821 se había facultado a Moisés Austin para colonizar con trescientas familias no mexicanas una parte de Texas. El número de colonos creció rápidamente; llegó a ser en doce años muy superior al de los mexicanos residentes en Texas. La mayoría de los colonos provenía de Estados Unidos, era protestante, hablaba inglés, y aspiraba a vivir libre de los impuestos y la vigilancia de México. Cuando el régimen de Bustamante puso aduanas y fortines, Esteban Austin, hijo de Moisés, promovió una lucha en contra de las aduanas, y el encargado de negocios de Estados Unidos en México pidió la suspensión de los fortines. En 1833 Austin obtuvo del gobierno mexicano que Texas fuera considerado como estado aparte de Coahuila, y en 1835 atacó y venció a las pequeñas guarniciones de los fortines. Entonces el presidente Santa Anna en persona, con un ejército de 6 000 hombres, fue a vencer a los rebeldes; les impuso varias derrotas, derramó sangre innecesaria en el Álamo, y sorprendido en plena siesta, fue derrotado en San Jacinto en 1836 y tuvo que firmar los Tratados de Velasco, por los que se comprometía a suspender la guerra.

A fines de 1836 el Congreso cambió la Constitución de 1824 por las Siete Leyes, que suprimían los estados, reforzaban el poder presidencial y restringían las libertades ciudadanas. En 1837 Bustamante fue elegido presidente en medio de la trifulca: pronunciamientos liberales, rebeliones indígenas, reclamaciones e intervenciones extranjeras. En 1838 el gobierno francés mandó a México una fuerza naval que se apoderó de Veracruz a fin de cobrarse las cuentas de un pastelero al que el gobierno de Bustamante sí accedía a pagarle. En esa guerra, llamada de "los pasteles", el general Santa Anna pierde el pie izquierdo, y apenas recuperado de su dolor, en junta con otros generales, destituye a Bustamante, retoma el poder, lo cede a Nicolás Bravo y lo vuelve a tomar. Un pronunciamiento lo expulsa; otro lo trae. Las disidencias internas se vuelven crónicas. Yucatán pretende separarse de México. Un Ejecutivo Provisional (1841-1843) convoca al Congreso, que expide en 1843 una nueva constitución con el nombre de Bases Orgánicas que durarán vigentes no más de tres años.

Texas mantuvo la independencia ganada en 1836 hasta 1845. En este último año el Congreso de Estados Unidos, contra el gusto de los antiesclavistas, admite a Texas en la Unión. Desde 1843 el gobierno de México había dicho que esa admisión sería considerada como causa de guerra. Con todo, el presidente mexicano en 1845 se comportó como la viva imagen de la prudencia; pero ni los texanos ni la opinión mexicana lo secundaron. Aquéllos pretendían que su territorio llegara hasta la margen del Bravo y no hasta el río Nueces, el límite reconocido. Los generales mexicanos creían necesaria la guerra. Uno de ellos, el general Paredes, se hizo del poder al comenzar 1846, cuando el ejército yanqui cruzaba el río Bravo. Algunos millares de gringos ocupan Santa Fe de Nuevo México; otros, apoyados por una escuadra en el Pacífico, se meten en California. Los Ángeles se defiende heroica e inútilmente. En la capital de México los generales mexicanos se disputan la silla presidencial mientras un cuerpo del ejército invasor conquista las casi desiertas provincias de Nueva California, Nuevo México y Chihuahua; otro, a las órdenes del general Zacarias Taylor, entra por el noroeste del país y derrota a nuestros generales Arista, Ampudia y Santa Anna.

La crisis interna crece. Los fondos para la resistencia se agotan. Gómez Farías procura hacerse de recursos incautando los bienes del clero y desata el levantamiento de los polkos. Gómez Farías es depuesto y se deroga el decreto de incautación poco después de que el general Winfield Scott, al frente de un tercer cuerpo del ejército desembarca en Veracruz, derrota a Santa Anna en Cerro Gordo, ocupa Perote, Jalapa y Puebla, y en agosto llega al valle de México, vence en Padierna, Churubusco y Chapultepec, en el Castillo de Chapultepec defendido hasta lo imposible por alumnos del Colegio Militar, por los populares "Niños Héroes". El 14 de septiembre de 1847 fue izada la bandera de Estados Unidos en el Palacio Nacional de México, mientras el gobierno derrotado se instala en Querétaro.

El 2 de febrero de 1848 se firma el Tratado de Guadalupe. El vencido tuvo que ceder al vencedor los territorios de Texas, Nuevo México y Nueva California, o sea dos millones cuatrocientos mil kilómetros cuadrados, más de la mitad del suelo mexicano. Estados Unidos daba a México 15 millones de pesos dizque como indemnización. México acababa de sufrir una pérdida territorial enorme. La gente lúcida del país cayó en agudo pesimismo. Se llegó a pensar que la nación vencida estaba en sus últimos momentos por incapaz de gobernarse a sí misma y de defenderse de los ataques exteriores. Lucas Alamán llegó al extremo de gritar: "perdidos somos sin remedio si la Europa no viene pronto en nuestro auxilio". En treinta años de vida independiente, México no había tenido paz, ni desarrollo económico, ni concordia social, ni estabilidad política.

Entre 1821 y 1850 reinó la inquietud en todos los órdenes. En treinta años hubo cincuenta gobiernos, casi todos producto del cuartelazo; once de ellos presididos por el general Santa Anna. La vida del país estuvo a merced de divididas logias masónicas, militares ambiciosos, intrépidos bandoleros e indios relámpago. Los generales producían guerritas a granel para derrocar presidentes y gobernadores. Se hacían de tropa por medio de "levas", acorralaban a los campesinos, escogían a los más jóvenes y vigorosos y los despachaban a los mataderos del país. Los que lograban desertar se convertían por regla general en bandoleros. Las partidas de bandidos llegaron a contarse por cientos, principalmente en la región central. En las zonas periféricas el azote fueron los indios; en el norte, las tribus de comanches, apaches, yaquis y mayos; en el otro extremo del país, en la península de Yucatán, donde la explotación de los indios por los blancos había sido también inhumana, los mayas, en 1848, prendieron la mecha de la "guerra de castas" que durante tres años robó, mató y quemó sin tregua ni piedad.

En medio de la guerra civil la economía del país no hace mayores progresos. La minería medio se recupera gracias a las inversiones británicas, el uso de máquinas de vapor y de nuevos procederes en las labores de beneficio. Dentro de la industria sólo avanza la textil en algunas fábricas de lana. Para impulsar los diversos ramos de la actividad económica, Alamán fundó el Banco de Avío, pero no logró lo que se propuso. Comunicaciones y transportes no dejaron de empeorar desde 1821 hasta más allá de 1850. Cada partícula de México recayó en el autoconsumo. Cada región llegó a producir lo estrictamente necesario para satisfacer sus necesidades. La norma fue la pobreza y el aislamiento en todos los sectores de la actividad humana, y sin embargo, los contactos con el exterior fueron mayores que en la colonia. A México, río revuelto, vinieron a pescar sastres, mercaderes, zapateros y boticarios de Francia, comerciantes de Alemania, hombres de negocios de Inglaterra.

Por lo que respecta a la educación pública, hubo buenos deseos más que realizaciones. Éstas fueron obra principal de la Compañía Lancasteriana. También son memorables los institutos de enseñanza media y superior fundados en Oaxaca y Toluca. Las antiguas universidades de México y Guadalajara decayeron mucho. En las letras, el novelista más distinguido fue Joaquín Fernández de Lizardi, el mejor dramaturgo Manuel Eduardo Gorostiza, y los poetas de más renombre los neoclásicos Quintana Roo, Pesado y Carpio y los románticos Calderón y Rodríguez Galván. Ningún género se destacó tanto como el de la historia. Aquí hubo cuatro historiadores de primera magnitud: Alamán, Bustamante, Mora y Zavala. El género más socorrido fue el periodístico y los periódicos de mayor circulación fueron *El Sol, El Águila Mexicana, El Tiempo* y *El Universal*. En arte lo sobresaliente fue la reorganización de la Academia en 1843 y la escuela de pintura presidida por el catalán Clavé, en la que se formó el pintor Joaquín Cordero.

Después de tres décadas de vida independiente, México, aporreado, andrajoso, sin cohesión nacional, sin paz, sólo podía exhibir con orgullo a sus intelectuales. En medio de la borrasca, la "gente de pensamiento" logró mantenerse en forma y capaz de osadía y sacrificio.

LA REFORMA

HACIA 1850, la clase intelectual de México, alarmada por la pérdida de medio territorio patrio, la pobreza del pueblo y del gobierno, la incesante guerra civil y el desbarajuste en la administración pública, decidió poner un hasta aquí al mal tomando en sus manos las riendas de la nación padeciente.

Los hombres cultivados eran pocos, pues no podían ser muchos en una sociedad donde sólo uno de cada diez sabía leer y escribir. Aparte de pocos, eran teóricos que no técnicos. Los más practicaban el sacerdocio, la abogacía y la milicia como profesión básica, y la hechura de versos, la oratoria y el periodismo como segundo oficio.

La clase ilustrada, dispuesta a dirimir los graves problemas nacionales, estaba profundamente dividida cuando decidió intentarlo. Aunque pocos, los intelectuales formaban dos partidos: el liberal y el conservador. Los del partido liberal eran personas de modestos recursos, profesión abogadil, juventud y larga cabellera. La mayoría de los conservadores eran más o menos ricos, de profesión eclesiástica o militar, poco o nada juveniles y clientes asiduos de las peluquerías.

Unos y otros creían básicamente lo mismo acerca de México. Conservadores y liberales coincidían en la creencia de la grandeza natural de su patria y de la pequeñez humana de sus paisanos. Ambos concordaban en la idea de que la sociedad mexicana no tenía el suficiente vigor para salvarse por sí misma. Los dos eran pesimistas, pero la índole de su pesimismo y sus programas de acción eran opuestos.

El partido conservador se dio como jefe a un hombre muy inteligente, pero ya viejo. Don Lucas Alamán poseía las virtudes necesarias para ser el líder de los intelectuales conservadores o aristócratas. Había hecho estudios en Europa y se distinguía por su buen gusto literario. Era catrín, solemne y muy religioso. Según Arturo Arnaiz y Freg, por su habilidad "para penetrar el alma de las gentes [...] lo vieron con respeto sus mismos adversarios [...] Sabía adaptarse con delicada flexibilidad a las circunstancias" y al mismo tiempo vivía "con angustiada inquietud la noción de la debilidad interna de México". Contaba con la parte intelectual más numerosa, que no la más entusiasta. Lucas Alamán fue el líder de las sotanas y las charreteras.

Los conservadores, quizá porque tenían mucho que perder, no querían aventurar al país por caminos nuevos y sin guía; suspiraban por la vuelta al orden español y por vivir a la sombra de las monarquías del viejo mundo. Por tradicionalistas, retrógrados y europeizantes, sus enemigos les pusieron los apodos de cangrejos y traidores. Su ideario lo sintetizó Alamán en siete puntos: 1º Queremos "conservar la religión católica [...] sostener el culto con esplendor [...] impedir por la autoridad pública la circulación de obras impías e inmorales". 2º "Deseamos que el gobierno tenga la fuerza necesaria [...], aunque sujeto a principios y responsabilidades que eviten los abusos." 3º "Estamos decididos contra el régimen federal, contra el sistema representativo por el orden de elecciones [...] y contra todo lo que se llama elección popular..." 4º "Creemos necesario una nueva división territorial que confunda la actual forma de Estados y facilite la buena administración." 5º "Pensamos que debe de haber una fuerza armada en número suficiente para las necesidades del país." 6º "No queremos más congresos [...] sólo algunos consejeros planificadores." 7º "Perdidos somos sin remedio si la Europa no viene pronto en nuestro auxilio."

Los liberales no tenían a mediados del siglo un jefe, pero ya asomaban entre ellos algunas eminencias cuarentonas como la de don Benito Juárez, hombre de acción fuerte, tenaz y decidida de origen rural, nacido el 21 de marzo de 1806, educado en el seminario eclesiástico y en el Instituto de Ciencias y Artes de Oaxaca, diputado al congreso oaxaqueño de 1832 a 1834 y al federal diez años después, y gobernador desde 1847 hasta 1852; o menores de cuarenta años, como el eminente filósofo y naturalista don Melchor Ocampo, nacido en 1814, estudiante en el seminario eclesiástico de Morelia, rico en bienes materiales, lúcido, intransigente, satírico, ingenioso y gobernador de Michoacán entre 1846 y 1853. El dinámico Miguel Lerdo de Tejada, nacido en el puerto de Veracruz en 1812, poseedor de un "raciocinio de acero", inclinado al estudio de la historia y la economía, autor de varias obras, presidente de la Compañía Lancasteriana y ministro de Fomento. Y el general don Ignacio Comonfort, de la misma edad que Lerdo, pero, al contrario de éste, dado a la moderación y a las componendas, sin asomos de jacobinismo y fanático de la honradez.

Al contrario de los conservadores, los liberales negaban la tradición hispánica, indígena y católica; creían en la existencia de un indomable antagonismo entre los antecedentes históricos de México y su engrandecimiento futuro y en la necesidad de conducir a la patria por las vías del todo nuevas de las libertades de trabajo, comercio, educación y letras, tolerancia de cultos, supeditación de la Iglesia al Estado, democracia representativa, independencia de los poderes, federalismo, debilitamiento de las fuerzas armadas, colonización con extranjeros de las tierras vírgenes, pequeña propiedad, cultivo de la ciencia, difusión de la escuela y padrinazgo de Estados Unidos del Norte. Según uno de sus ideólogos, el vecino norteño, "no sólo en sus instituciones, sino en sus prácticas civiles", debería ser el guía de los destinos de México. Todos los liberales coincidían en las metas, que no en los métodos. Unos querían "ir de prisa", querían implantar las aspiraciones del liberalismo a toda costa y en el menor tiempo posible; otros querían "ir despacio", querían imponer los mismos ideales al menor costo y sin prisas. Aquéllos fueron llamados "puros" o "rojos" y éstos "moderados", y mientras puros y moderados disputaban entre sí, los conservadores se hicieron del poder.

José María Blancarte, un robusto tapatío fabricante de sombreros, se divertía en la casa de la Tuerta Ruperta cuan-

do cometió el delito de asesinar a un policía y se hizo sucesivamente prófugo de la justicia, responsable de la caída de
un gobernador jalisciense y lanzador de tres planes revolucionarios. El último, el Plan del Hospicio, pedía tres cosas:
"destitución del presidente Arista, Constitución Federal y
llamamiento de Santa Anna", y con tales peticiones se gana
la adhesión de numerosos rebeldes locales, las altas jerarquías eclesiásticas, los propietarios y el jefe del partido conservador, Alamán, en esos días muy comentado a causa de
haber salido a la luz pública el último tomo de su *Historia
de México*, donde sostenía la tesis de que Antonio López de
Santa Anna, indefendible como soldado, tenía "energía y
valor para gobernar" y podía fundar un régimen duradero y
duro. "La gente de orden, de conciencia y seriedad" llama
del destierro a Santa Anna, quien el primero de abril de
1853 llega al puerto de Veracruz y el 20 es recibido en la capital con balcones adornados, repique campanero, poemas
y numerosas manifestaciones de júbilo. Al otro día forma
un gabinete presidido por don Lucas Alamán. El 22, Alamán
suprime con la mano derecha las legislaturas provinciales y
funda con la mano izquierda una flamante Secretaría de Fomento, Colonización, Industria y Comercio. El 25, la "ley La-
res" prohíbe la impresión de "escritos subversivos, sedicio-
sos, inmorales, injuriosos y calumniosos" y los liberales
empiezan a ser víctimas de destituciones, destierros y cárcel. El 2 de junio muere Alamán, cuando se ponía de moda
aquella canción de la Tierra Caliente:

> Ay, capire de mi vida
> ¿cuándo reverdecerás?
> Ya se fue quien te regaba
> agora te secarás.

Muerto Alamán, Santa Anna se resecó. Tras una confe-
rencia con el esclavista Gadsden, enviado por su gobierno

para adquirir territorios en la zona norte, vendió La Mesilla.
Pero esa no fue la peor de sus locuras: se autonombró Alte-
za Serenísima; impuso contribuciones a coches, caballos,
perros y ventanas; propició banquetes con príncipes importados, bailes de gran gala, comitivas y ceremonias de felici-
tación y vastas orgías. En medio de tanto escándalo es natural que se popularizara aquella adivinanza que dice:

> Es Santa, sin ser mujer.
> Es rey, sin cetro real,
> Es hombre, mas no cabal,
> y sultán al parecer.

Enloquecido, el presidente cojo no tenía por qué darse
cuenta de las borrascas interiores y exteriores que se levantaban en su contra. Un aventurero francés, el conde Raous-
set de Boulbon, invadió Sonora con el propósito de con-
vertirla en el paraíso perdido. Parece que el pirata Walker
no esperaba menos cuando se metió en Baja California. Las
depredaciones de apaches y comanches se recrudecieron.
Una nueva epidemia de peste bubónica se esparció por todo el país. Muchos jefes locales, descontentos con ciertas
medidas centralizadoras, se dieron a fraguar conspiracio-
nes. El caudillo se ensordecía cada vez más, rodeado por
un ejército que llegó a tener noventa mil hombres, adulado
por una nube de achichincles, metido en peleas de gallos y
solemnidades.

El gobierno personal de Santa Anna desprestigia ante la
opinión pública los principios y los hombres del partido conservador y le da fuerza al programa y al equipo del partido liberal, que esperaba en Nueva Orleáns y en Brownsville el
momento propicio de volver a la patria asantanada y a punto
de asatanarse. La ocasión se presenta a principios de 1854.

Se encontraba el presidente cojo en un gran baile cuando recibió la noticia de que el coronel Florencio Villarreal

había lanzado en el villorrio de Ayutla, el primero de marzo de 1854, un plan que exigía el derrocamiento del dictador y la convocatoria a un congreso constituyente. Al frente de la realización del plan se puso don Juan Álvarez, cacique viejo y prestigiado "de los breñales del sur". El coronel Ignacio Comonfort secundó y reformó el plan en Acapulco. Al texto primitivo le agregó un párrafo que demostraba la presencia en el movimiento rebelde no sólo del grupo lento, sino también de los puros. El presidente salió a combatir a los rebeldes con un ejército de cinco mil hombres. Derrotado, Santa Anna dejó furtivamente el país en agosto de 1855. Una junta de insurrectos nombró presidente interino al general Álvarez, quien gobernó algunos meses con un gabinete formado por cinco "puros": el filósofo y científico Melchor Ocampo, el reformador Ponciano Arriaga, el poeta Guillermo Prieto, el abogado Benito Juárez y el economista Miguel Lerdo de Tejada. El único "moderado" fue el ministro Ignacio Comonfort, a quien cedió la presidencia el general Álvarez. El nuevo presidente se propuso emprender con prudencia las reformas reclamadas por la opinión liberal, pero no hubo día de su gobierno sin revueltas de signo conservador, motivadas por la "ley Juárez", quien restringía fueros eclesiásticos, la "ley Lerdo", que desamortizaba los bienes inmuebles en poder de corporaciones civiles y eclesiásticas, y la "ley Iglesias", que prohibía a la Iglesia el control de los cementerios y el cobro de derechos parroquiales a los pobres. Entretanto se había expedido la convocatoria para el Congreso Constituyente, y hechas las elecciones, la asamblea constitutiva había empezado a trabajar en 1856.

En el Congreso Constituyente, convocado por los revolucionarios de Ayutla, formaron mayoría los "puros", entre los que se contaban distinguidos intelectuales: Ponciano Arriaga, José María Mata, Melchor Ocampo, Ignacio Ramírez y Francisco Zarco. Una comisión presidida por Arriaga se encargó de elaborar el proyecto de constitución. Ésta fue concluida y jurada en febrero de 1857. En lo fundamental se apegó a la de 1824: forma federal de estado y forma democrática, representativa y republicana de gobierno. Fueron innovaciones el dejar la puerta abierta para la intervención del gobierno en los actos del culto público y la disciplina eclesiástica, suprimir al vicepresidente y ampliar los capítulos de libertades individuales y sus garantías. Fueron declaradas libres la enseñanza, la industria y el comercio, el trabajo y la asociación. Comonfort, confirmado en la presidencia de la República, debía poner en práctica el nuevo documento político, pero no lo hizo. Los conservadores, con el general Félix Zuloaga como jefe, proclamaron el plan de Tacubaya, que pedía el desconocimiento de la Constitución. El presidente les hizo el juego a los tacubayistas, pero no pudo mantenerse en el poder. Los del partido conservador reconocieron como presidente a Zuloaga. Don Benito Juárez, ministro de la Suprema Corte de Justicia, a quien correspondía ejercer la presidencia de la República cuando faltase su titular, la asumió, y declaró restablecido el orden constitucional.

A partir de enero de 1858 los partidos liberal y conservador se traban en una guerra que habría de durar, en su primera fase, tres años. El primero fue de triunfos conservadores. Los generales Osollo, Márquez, Mejía y Miramón, todos mílites de carrera y con tropas disciplinadas, vencen en repetidas ocasiones a los improvisados jefes Santos Degollado, Ignacio Zaragoza, Jesús González Ortega y otros. Juárez tiene que trasladar su gobierno a Guadalajara, en donde cae preso. Recobrada su libertad, sale del país, anda fuera unos meses, desembarca en Veracruz y allí reinstala el gobierno liberal. En el segundo año, se anotan triunfos los ejércitos de los dos partidos contendientes. Estando en Veracruz, Juárez sufre un ataque del ejército de Miguel Miramón, que desde febrero era presidente de la República por los victoriosos conservadores. Leonardo Márquez, el otro ilustre general conservador, vence a Santos Degollado en Tacubaya y le impone al vencido el ápodo de "general derrotas", pero se gana para él el mote no menos triste de "Tigre de Tacubaya" por haberse dado el gusto de matar a heridos y médicos. La indignación liberal sube de punto. Don Ignacio Ramírez la traduce a versos:

> Guerra sin tregua ni descanso, guerra
> a nuestros enemigos, hasta el día
> en que su raza detestable, impía
> no halle ni tumba en la indignada tierra.

Don Benito Juárez la concreta en leyes, en media docena de disposiciones llamadas "Leyes de Reforma" que estatuyen (julio de 1859) la nacionalización de los bienes eclesiásticos, el cierre de conventos, el matrimonio y el registro civiles, la secularización de los cementerios y la supresión de muchas fiestas religiosas.

Derrotado Miramón en Silao y Calpulalpan, González Ortega, al frente de 30 000 hombres, entró en la ciudad de México el 1 de enero de 1861; Juárez con su gabinete lo hizo el día 11. Acto seguido expulsó al delegado apostólico, al arzobispo Garza, a varios obispos y a los representantes diplomáticos de España, Guatemala y Ecuador, que habían tomado el partido de los conservadores. Por su parte, éstos, que seguían manteniendo muchos grupos en pie de lucha en todo el país, emprendieron la "guerra sintética", consistente en cazar y fusilar a los prohombres del liberalismo. Víctimas de esa guerra fueron Ocampo, Degollado y Valle.

Mientras los guerrilleros conservadores cazaban liberales, los líderes políticos de la misma tendencia gestionaban el apoyo de Europa y el establecimiento de un segundo imperio. Por su lado, las dificultades financieras del gobierno liberal obligaban a tomar la medida de suspender el pago de la deuda exterior y de sus intereses. Contra tal medida, tomada en julio de 1861, protestaron Inglaterra, España y

Francia, y decidieron en la Convención de Londres (octubre de 1861) intervenir en México y obtener el pago de la deuda por la fuerza. La pareja imperial de Francia, Napoleón y Eugenia, que quería, además, oponer un muro monárquico y latino a la expansiva república de Estados Unidos, se comprometió con los conservadores de México. El momento era oportuno: una mitad de Estados Unidos luchaba contra la otra en la "guerra de secesión" y no podía ayudar a los liberales. Las primeras tropas intervencionistas desembarcaron en Veracruz entre diciembre de 1861 y enero de 1862. El gobierno liberal entró en negociaciones con ellas y consiguió, mediante los tratados de la Soledad, que se retiraran los ejércitos inglés y español.

Francia se quedó sola, resuelta a imponer una monarquía en México con el apoyo de un numeroso y disciplinado ejército expedicionario y los restos de las tropas del partido conservador. El ejército francés fue mandado sucesivamente por Lorencez, Forey y Bazaine. El primero sufrió un revés frente a Puebla el 5 de mayo y consiguió unificar a la gran mayoría del pueblo mexicano en su contra. El segundo destruyó al ejército liberal; se hizo de la capital de la República; nombró a una junta de gobierno encargada de elegir a los miembros de la Asamblea de Notables y del Ejecutivo provisional. El tercero, mientras los "notables", de acuerdo con Napoleón III, ofrecían la corona del imperio mexicano a Fernando Maximiliano de Habsburgo, dominó casi todo el país y obligó al gobierno de Juárez a establecerse en Paso del Norte, a un paso de la línea fronteriza con Estados Unidos.

Maximiliano aceptó la corona; se comprometió con Napoleón III, por los convenios de Miramar, a pagar por gastos de la intervención francesa la crecida suma de 260 millones de francos, y llegó a las playas mexicanas el 28 de mayo de 1864. Maximiliano, archiduque de Austria, casado con la hermosa princesa belga Carlota Amalia, era de índole romántica, gustaba de la naturaleza, creía firmemente en la bondad del buen salvaje y en el ideario liberal. Por lo mismo, acabó por desconcertar a los conservadores que lo trajeron. Hecho a la idea de que "la gran mayoría de México era liberal y exigía el programa del progreso en el sentido más verdadero de la palabra", repite la obra de sus enemigos: exige pase oficial para los documentos pontificios; decreta la tolerancia de cultos y la nacionalización de los bienes eclesiásticos; seculariza los cementerios; crea el registro civil, y expide leyes sobre salarios y condiciones de trabajo, pensiones y montepíos y sistema decimal de pesas y medidas. En fin, se puso tan reformista que el nuncio del Papa se fue enojadísimo y los liberales pudieron reírse de la cangrejería engañada:

Era costumbre añeja
de los cangrejos antes,
en todas sus maniobras
por detrás manejarse,
contra el común sentido
que lo contrario hace...
Mas de pronto aparece
y así les dice Juárez:
cangrejos, es preciso
andar para adelante.
Mil denuestos pronuncian
y en rabia se deshacen
y para atrás andando
van y cruzan los mares
y buscan quien los vengue...
y se encuentran con que humo
fueron todos sus planes,
y con que aquellos mismos
que habían de vengarles
les dicen con voz firme
haciéndoles que rabien:
cangrejos, es preciso
que andéis para adelante.

Con todo, las leyes imperiales nunca entraron en vigor. Estados Unidos, al terminar la guerra civil, pidieron la salida de los franceses. Por su parte, el emperador francés, para defenderse de Prusia, se vio en la necesidad de recoger a las tropas sostenedoras del imperio en México. Maximiliano, sin el ejército europeo, no pudo resistir el empuje de los ejércitos liberales de Mariano Escobedo, Ramón Corona y Porfirio Díaz. Se rindió en Querétaro el 15 de mayo de 1867 y fue fusilado en el Cerro de las Campanas el 19 de junio, junto con los generales Miramón y Mejía.

IV. EL TRAMO MODERNO

Daniel Cosío Villegas

LA REPÚBLICA RESTAURADA

LA HISTORIA Moderna de México comienza con una caída y acaba con otra. Se inicia en julio de 1867, al derrumbarse el imperio de Maximiliano, y concluye en mayo de 1911, cuando se desploma el gobierno de Porfirio Díaz. Esa historia abarca cuarenta y cuatro años, que, sin embargo, se dividen habitualmente en dos épocas. La inicial, de escasos diez años (1867-1876), se llama la *República restaurada*. A la segunda, de treinta y cuatro (1877-1911), se le nombra *el porfiriato*.

El primer nombre se justifica porque el *imperio* de Maximiliano pretendió acabar con la *república* de Juárez, y cuando éste, tras cinco largos y angustiosos años, obtiene la victoria, los vencedores insistieron en que la república victoriosa era la de siempre, sólo que *restaurada*, es decir, "puesta en aquel estado o estimación que antes tenía". El nombre de *el porfiriato* se explica por sí solo: con él se quiere decir que la figura de Porfirio Díaz dominó tanto esa época, que acabó por darle su nombre.

La victoria de la República sobre el Imperio y del Partido Liberal sobre el Conservador, pareció abrirle a México el paraíso en que había soñado desde el Grito de Dolores, al iniciarse el movimiento emancipador de España.

La derrota de la intervención extranjera dejaba a México libre de la presión exterior, incluso de Estados Unidos, porque, habiendo tomado este país el partido de la República, era ahora amigo y aliado. La victoria política y militar del grupo liberal sobre el conservador significaba el término de agrias disputas que con bastante frecuencia se llevaron al campo de batalla. Parecía, pues, que, por primera vez en su ya larga y agitada historia, México estaba libre de acechanzas exteriores e interiores, y que, por lo tanto, iba a gozar de la paz y tranquilidad necesarias para dedicar todo su esfuerzo y su tiempo a salir de la pobreza, reanimando su economía con la explotación de sus abundantes riquezas naturales.

Esa posibilidad parecía tanto más segura cuanto que al frente del gobierno, la judicatura y el parlamento, se hallaba el grupo gobernante más inteligente, más experimentado y patriota que la nación había tenido. Benito Juárez era el presidente de la República, y sus principales ministros, Sebastián Lerdo de Tejada, José María Iglesias o Matías Romero.

Sebastián Lerdo de Tejada, hombre de clara inteligencia, cultivado, estudiante primero y después profesor y director del renombrado Colegio de San Ildefonso, había sido ya diputado federal, pero cobra una gran personalidad como acompañante y consejero de Juárez en la peregrinación del gobierno republicano que concluye en Paso del Norte. José María Iglesias, miembro de lo que se llamó la Trinidad de Paso del Norte, era eminente abogado, hombre recto y severo, que desempeñó las secretarías de Justicia, Gobernación y Hacienda, más la presidencia de la Suprema Corte. En ésta había figuras de la talla de Ignacio Ramírez, escritor, periodista y diputado sobresaliente en el Congreso Constituyente de 1856; Ezequiel Montes, José María Lafragua y José María Castillo Velasco, eminentes constitucionalistas, etc. Y eran diputados Francisco Zarco, el famoso cronista de ese mismo Congreso Constituyente, y que se ha convertido en el santo patrono de los periodistas mexicanos; Manuel Payno, escritor popularísimo y autoridad en la hacienda pública; Manuel María de Zamacona, notable periodista y brillante tribuno, etcétera.

A tan buenos propósitos y a hombres tan ilustres, sin embargo, iban a oponerse fuerzas poderosas y hondamente arraigadas en el suelo nacional.

Las continuas guerras civiles y extranjeras en que la nación vivió hasta 1857 crearon en el mexicano una actitud de intolerancia que llegaba al extremo de creer que las disputas políticas no podían resolverse sin la eliminación física del adversario, sea tendiéndolo en el campo de batalla, sea desterrándolo en el extranjero. Y las dos últimas, las guerras de Reforma y del Imperio, dejaron una generosa cosecha de "héroes" que reclamaban al gobierno y a la sociedad misma poder, riquezas y honores como compensación a lo que ellos consideraban eminentísimos servicios prestados a la patria. Y al concluir esas dos guerras, quedaron sueltos, desarraigados, de ochenta a cien mil soldados que habían abandonado un trabajo rutinario y mal retribuido, pero seguro, y que ahora, probada la aventura y el poder que da tener un rifle en la mano, se rehusaban a reanudar sus viejas ocupaciones en el campo o la ciudad.

La economía nacional, siempre primitiva, basada en una agricultura de subsistencia y en la minería de la plata y el oro, había quedado destruida por diez años continuos de guerra. No podía, pues, absorber a esos soldados desarraigados, y mucho menos ofrecerles un empleo estable que les despertara, además, la esperanza de vivir mejor que antes.

Amenguaron, en efecto, las encendidas disputas entre conservadores y liberales; pero éstos no supieron mantenerse unidos, de modo que el grupo comenzó a desgajarse para formar facciones personalistas que luchaban entre sí con el mismo encono, pero sin tener ahora la excusa o la justificación de pelear por ideas. En la primera elección presidencial de 1867, se opusieron las facciones de Juárez y de Porfirio Díaz; en la siguiente, de 1871, se opusieron esas dos, más la de Sebastián Lerdo de Tejada. Despues de la muerte de Juárez, en 1872, esta facción fue sustituida por la de José María Iglesias, que en 1876 pelea contra lerdistas y porfiristas.

La fe y la esperanza de los liberales quedaron incorporadas en la Constitución de 1857; pero como su promulgación desató la guerra de Reforma y la Intervención pretendió suprimir la forma republicana de gobierno, se creó en los primeros años de la República restaurada un sentimiento exaltado de constitucionalismo que exigía de los gobernantes un apego estricto al texto de la Carta Magna. Pero ese sentimiento no era compartido completamente por los principales dirigentes del país, en particular Juárez y Lerdo de Tejada. Juzgaban ellos que para la era de reconstrucción a que se enfrentaba la República restaurada, resultaba necesario un poder ejecutivo fuerte, cuya acción podía esterilizar una asamblea deliberante como era la Cámara Única de Diputados creada por la Constitución.

En fin, como ocurre con todo gran trastorno social, las guerras de Reforma e Intervención aceleraron el proceso de maduración de los jóvenes. Sin pasar por las largas y penosas etapas del aprendizaje, saltaron durante la guerra a puestos de mando, de cuyo goce no estaban dispuestos a prescindir simplemente porque había vuelto la paz. Así nació un conflicto de generaciones, no tanto por diferencia de edad o de educación, cuanto por una visión distinta de la vida en general y del país, en particular.

Los gobernantes eran perfectamente conscientes de los tremendos problemas con que tenía que lidiar la República restaurada, y por eso tomaron prontamente las medidas que juzgaron más eficaces.

Para reanimar la economía, el presidente Juárez no vaciló en exponerse a la censura pública, y tomó valientemente el partido de renovar la concesión para que la compañía inglesa reanudara sin dilación las obras del Ferrocarril Mexicano, vía de la cual se esperaban estos milagros: ser el primer ferrocarril que tendría el país; unir a la capital de la República, el centro nervioso nacional, con el puerto de Veracruz, único entonces que comunicaba a México con el extranjero, y a través del cual se hacía todo nuestro comercio internacional. Juárez tomó esa medida fundándola en un uso bien discutible de las facultades extraordinarias que el Congreso le había concedido para hacer frente a la intervención extranjera. Y la tomó a pesar de que las leyes de guerra que él mismo había dictado imponían la cancelación automática de toda concesión dada a empresas o individuos que hubieran tratado con las autoridades imperiales.

Para atender al sentimiento constitucionalista, Juárez convocó al mes escaso de haber instalado su gobierno en la capital a elecciones generales, de presidente de la República, de diputados federales y de magistrados de la Corte, para que el país recobrara cuanto antes una vida constitucional normal, pues en 1867 todas las autoridades del país, del presidente de la República hasta el último alcalde de pueblo, eran autoridades de hecho, es decir, no designadas o electas conforme a la ley.

Con el objeto de restablecer el equilibrio entre los poderes Ejecutivo y Legislativo, Juárez y Lerdo quisieron aprovechar la convocatoria a elecciones de agosto de 1867 para someter a un plebiscito popular las necesarias reformas constitucionales. Tampoco olvidó el presidente Juárez el conflicto de generaciones, de modo que pronto nombró secretario de Gobernación a Ignacio Vallarta, joven entonces de treinta y siete años. En fin, Juárez reorganizó de inmediato el ejército, reduciéndolo a cinco divisiones de cuatro mil hombres cada una, quedando así licenciados otros tantos soldados, jefes y oficiales.

Ésas y otras medidas, acertadas como sin duda eran, resultaron insuficientes.

La terminación del Ferrocarril Mexicano se llevó seis largos años, y cuando comenzó a operar en 1873, se descubrió que ciertamente reanimaba las importaciones y exportaciones; pero que alentaba poco o nada la economía interna del país. Es decir, se descubrió que lo que le hacía falta a México era toda una red ferrocarrilera, y otra de caminos carreteros que la alimentara o la supliese en las zonas que dejaba sin servir. Esto suponía una inversión enorme de capitales, que los mexicanos no tenían. Tampoco era posible acudir al capital extranjero porque, a consecuencia justamente de la guerra de Intervención, México había roto sus relaciones diplomáticas con Inglaterra, Francia y España, los únicos países donde podría haberlo obtenido. Por si esto fuera poco, México era un país desacreditado en los mercados internacionales de capital porque jamás había pagado puntualmente deudas extranjeras que contrajo desde 1824.

Las reformas constitucionales propuestas por Juárez y por Lerdo fracasaron porque el procedimiento del plebiscito popular era anticonstitucional. Enviaron la iniciativa para crear un Senado que sirviera de contrapeso a la Cámara Única de Diputados, y fue aprobada, sólo que seis años más tarde.

El nombramiento del joven Vallarta no bastó para aplacar el conflicto de generaciones, en parte porque Vallarta entendió equivocadamente que había sido llamado por Juárez para desalojar a Lerdo de Tejada, pero en otra mucho mayor porque Juárez resolvió reelegirse en 1871 y Lerdo pretendió hacerlo en 1876. Por eso creyeron los jóvenes que el acceso a la vida pública había sido taponado por los mayores, de modo que no tenían otro camino que sublevarse contra ellos o aguardar pacientemente a que se murieran.

Lo más grave de todo, sin embargo, fue que persistió el espíritu levantisco de los "héroes", de modo que, en ocasiones con pretextos baladíes y en otras atendibles por la vía de la razón, le organizaron a los presidentes Juárez y Lerdo una serie de motines militares que volvieron al país a la zozobra y la miseria de toda guerra civil. El poco dinero que había para fomentar la economía tuvo que gastarse, como antes, en armas y municiones.

Todo esto trajo como resultado que se creara en el país una ansia vehemente de orden, tranquilidad, paz, y otra ansia no menos vehemente de que en alguna forma el país debía salir de la miseria en que había vivido ya durante más de medio siglo.

2

EL PORFIRIATO

LA ÉPOCA que va desde 1877 hasta 1911 se llama *el porfiriato* porque la figura de Porfirio Díaz la domina. No, sin embargo, desde el primer día, sino que va perfilándose durante los diez años anteriores y apenas alcanza su estatura dominante en 1888.

El 15 de julio de 1867 Juárez entra en la capital a recibir el aplauso popular que celebra la victoria republicana; ese mismo día Porfirio le anuncia su decisión de retirarse del ejército, declarando que se dedicará a la agricultura en su finca La Noria, cercana a la ciudad de Oaxaca.

Se oyen aplausos, pues asombra que uno de los grandes capitanes de la guerra contra el imperio renuncie voluntariamente a tan encumbrada posición para llevar la vida ruda y deslucida de un simple labrador; pero tres meses después figura como rival de Juárez en la elección presidencial de diciembre de 1867.

Fue un claro presagio de la firmeza con que Díaz se lanzaba a la vida política. No vacila en anunciar su propósito de escalar de un solo brinco la posición más alta del país, a pesar de que sus antecedentes para justificar semejante ambición eran bien pobres. Una educación escolar deficiente y trunca; una inexperiencia administrativa y política completa, y porque reta a Juárez, el político y estadista más maduro y que en ese momento alcanza el punto culminante de su gloria.

Juárez ganó las elecciones, pero fue significativo que Porfirio obtuviera cerca de la tercera parte del voto total y el 42 por ciento como candidato a la presidencia de la Suprema Corte y en contra de Sebastián Lerdo de Tejada.

Porfirio regresa a La Noria, pero no exactamente a labrar la tierra. Bien pronto pretende ser electo gobernador de los estados de Morelos y de México, así como diputado federal. Fracasa en los dos primeros empeños, pero en el tercero vence, de manera que por primera vez en su vida y a la edad no muy temprana de treinta y ocho años, llega a un puesto de elección popular.

Sale mal librado. Hombre de escasa ilustración, carente de ideas generales, torpe para hablar, resulta un pigmeo al lado de los más grandes parlamentarios que el país había tenido en su historia, la mayor parte de los cuales, además, eran adversarios políticos de Díaz porque pertenecían al bando juarista.

Tarda en ocupar su escaño; tarda más todavía en pronunciar su primer discurso, y le sale tan pobre, que decide no volver ya a la Cámara de Diputados.

Tres derrotas políticas consecutivas y haber salido mal de la prueba parlamentaria podían haber desanimado a cualquiera, pero no a Porfirio Díaz. En las siguientes elecciones presidenciales, de 1871, figura nuevamente como candidato, esta vez contra Juárez y contra Sebastián Lerdo de Tejada. Ninguno obtiene la mayoría absoluta de votos, y por eso el Congreso, de acuerdo con la Constitución, debe escoger entre los dos aspirantes que hubieran alcanzado las votaciones más altas. Juárez, que estaba en primer lugar y que contaba con una mayoría en el Congreso, fue elegido.

Porfirio no supo apreciar el significado de este episodio. Indicaba que la popularidad de Juárez había declinado marcadamente, puesto que había pasado de recoger las dos terceras partes de los votos a no lograr siquiera la mitad. En cambio, la de Porfirio había crecido hasta el grado de obtener más votos que Sebastián Lerdo de Tejada, un estadista consumado por su talento, cultura y experiencia. Además, Porfirio fue desafortunado porque Juárez murió a los siete meses de iniciar su nueva presidencia. Debía, pues, convocarse de inmediato a elecciones y en ellas podía haber repetido su triunfo reciente sobre Lerdo, el otro posible candidato. Entonces, Porfirio pudo haber alcanzado la presidencia, no en 1877, como ocurrió en la realidad, sino cinco años antes, y alcanzarla pacífica y democráticamente.

La verdad es que Porfirio resolvió adelantarse a todos esos acontecimientos, pues convencido de que Juárez buscaría la reelección se sublevó para conseguir con las armas el poder. Su desastre no pudo haber sido más completo ni más ruidoso. Militarmente, y a pesar de que lo siguieron en la aventura caudillos locales de renombre y con recursos, las fuerzas leales al gobierno los batieron batalla tras batalla. Políticamente, la revuelta, montada contra la reelección del Presidente, pierde su razón misma de ser al morir Juárez el 18 de julio de 1872. Justamente aprovechando esa doble circunstancia, el presidente interino expide una ley de amnistía para acoger a los rebeldes sin más pena que la pérdida de sus grados y honores militares.

Considerándola humillante, Porfirio se niega a acogerse a ella; pero como le sorprende rodeado de unos cuantos hombres, a los que hubieran podido acabar los guardias rurales de Chihuahua, tuvo que rendirse. Pasa por la ciudad de México solo, sin que sus mismos amigos lo esperen o lo busquen, y precipita su viaje a Tlacotalpan, donde abre un taller de carpintería.

Tres años después, presintiendo que el presidente Lerdo de Tejada pretenderá reelegirse en julio de 1876, Porfirio vuelve a levantarse en armas, sólo que por esta vez la buena suerte lo acompaña, ya que triunfa sobre las fuerzas leales en la batalla de Tecoac, en noviembre de ese año. Al fin, tras diez años de forcejeo, se hace del poder; pero su victoria no lo salva de una serie de calamidades.

La primera es que, no obstante haberse convertido el 5 de mayo de 1877 en presidente constitucional mediante unas elecciones que tienen todos los visos de legalidad, el gobierno de Estados Unidos se niega a reconocerlo, a menos de que satisfaga varias exigencias. La falta de ese reconocimiento significaba, más que nada, una amenaza inmediata y directa al gobierno de Díaz, ya que el norteamericano podía fomentar movimientos rebeldes en su contra vendiendo armas y parque a los partidarios del depuesto presidente Lerdo, refugiados ahora en Texas.

No todas las calamidades procedían del extranjero; también eran internas. El país se llenó de horror al ver actuar a los "tuxtepecos", nombre dado a los partidarios de Díaz porque la revuelta se amparó con el Plan de Tuxtepec. Guiados por un odio irracional contra Lerdo de Tejada, constituyen "Comités de Salud Pública" para denunciar a gritos el lerdismo de los empleados públicos y aun de personas y corporaciones privadas; exigían, además, el despido de los primeros y la confiscación de los bienes de los segundos. Insatisfechos, se lanzaron a conquistar los ayuntamientos del Distrito Federal, sin considerar los compromisos políticos del jefe revolucionario.

Los colaboradores inmediatos de Porfirio no dejaban de tener buenas apariencias. Protasio Tagle fue el secretario de Gobernación; Ignacio L. Vallarta, de Relaciones Exteriores; Justo Benítez, de Hacienda; Ignacio Ramírez, de Justicia; Vicente Riva Palacio, de Fomento, y Pedro Ogazón, de Guerra. Pero salvo Vallarta y Ogazón, que tenían alguna experiencia político-administrativa, porque ambos habían gobernado Jalisco, ninguno de los otros la tenía. Así, Porfirio y estos colaboradores suyos estaban ligados sólo por una sensación vaga de que las cosas del país no andaban bien y que en alguna forma debían enderezarse. Ninguno, sin embargo, tenía una idea clara de cómo podía componerse la situación. Menos aún percibieron que la revuelta de Tuxtepec había traído dos consecuencias decisivas: la desaparición de una generación de gobernantes experimentados y patriotas, y su sustitución por una generación de advenedizos. Además que la generación vieja tuvo una visión de la vida y de los problemas del país cuya validez había negado la nueva generación sin presentar otra que la reemplazara.

La falta de ideas condujo a sustituirlas con la acción, y como a ella, por temperamento personal, se inclinaba Porfirio, a la acción se le dio un lugar preferente. Díaz, por ejemplo, puso todas sus energías en arrancarle al Congreso una autorización para contratar la construcción de nuevas vías férreas, y logró su propósito apenas un mes antes de dejar la presidencia en noviembre de 1880. Esto le permitió a su sucesor, el general Manuel González, rematar esa idea con la construcción de las líneas del Ferrocarril Central, que ligó la capital con Ciudad Juárez, y del Ferrocarril Nacional con Nuevo Laredo. Semejante impulso se continuó en los gobiernos sucesivos del propio Díaz, de manera que al concluir el porfiriato, México pasó de tener en 1877 un solo ferrocarril de 460 kilómetros, a toda una red ferrocarrilera de 19 000.

Paralelamente, las comunicaciones postal, telegráfica y aun telefónica se ampliaron hasta cubrir muy buena parte del territorio nacional. Se hicieron obras portuarias considerables en Veracruz, Tampico y Salina Cruz. Avanzado el porfiriato, se creó una serie de bancos que hizo posible un ensanchamiento de la agricultura, la minería, el comercio y la industria. En suma, el país en su conjunto mejoró su economía en un grado y una extensión nunca antes vistos.

La fórmula que expresa fielmente el concepto que Porfirio tenía de un gobernante y, por supuesto, de su propia misión, es la bien conocida de "poca política y mucha administración", que con el tiempo se transformó en "cero política, cien administración". Tan breve y tan sencilla como parece, en el fondo quería decir todo esto.

Primero, que trazar el camino más conveniente para el país, así como determinar los medios de salvar los obstáculos que en él se presentaran, quedaba a cargo del presidente de la República. Segundo, las cámaras de Senadores y de Diputados debían aprobar lo que el presidente les propusiera porque ellas carecían de la información técnica que le dan al presidente sus secretarías de Estado, y porque el presidente no tiene otro afán que el desinteresado de servir al país. Tercero, la opinión pública y el pueblo han de confiar en la habilidad y patriotismo de su presidente, y renovar esa confianza al palpar los frutos benéficos de su acción. Cuarto, la fórmula significa que la confrontación abierta, pública, de intereses, opiniones o sentimientos opuestos resulta estéril, y lo único fecundo es la acción presidencial, encaminada siempre al progreso material, manteniendo el orden y la paz como su condición necesaria.

La fórmula de "poca política, mucha administración" funcionó satisfactoriamente durante largos años porque el país ansiaba la paz y quería mejorar su condición económica, y porque Porfirio demostró que podía mantener la paz y sabía cómo impulsar la economía nacional. Al final sin embargo, se hizo cada vez más ingrata hasta provocar la rebelión maderista.

Jamás ha habido en el mundo una sociedad igualitaria en que la riqueza se reparta en porciones exactamente iguales entre todos y cada uno de los miembros de esa sociedad. Pero en México la desigual repartición de la nueva riqueza pareció muchísimo más marcada, y por ello no se le halló otra explicación que el apetito insaciable de los ricos de hacerse cada día más ricos, a costa, por supuesto, de unos pobres que deberían ser tratados como hermanos.

Al igual que en el mundo de hoy, en la segunda mitad del siglo, pasado un par de países (Inglaterra y Estados Unidos) eran notoriamente prósperos; tras ellos, si bien a buena distancia, seguía un grupo algo más numeroso (Francia, Alemania, Holanda), y muy a la zaga el resto de los países y regiones del Globo. Tan extraño fenómeno exigía una explicación, que dio lo que se llama el liberalismo. Esta filosofía no ignoraba que en todas las naciones, sin excepción alguna, la sociedad es una pirámide, en cuya cúspide se sientan unos cuantos ricos, que en su parte media se halla el grupo más numeroso de los que no son ricos pero tampoco pobres, y que en la base, necesariamente más ancha, se encontraba la gran masa de los pobres. Pero sostenía que la lluvia de la riqueza que caía en el penacho de aquella montaña social se escurriría hacia abajo fecundando toda la pirámide hasta llegar al valle de los pobres. Así les permitiría a éstos beneficiarse de aquella lluvia fertilizante, y, por lo tanto, abandonar su condición de pobres, trepar primero al medio de la pirámide, para escalar finalmente su cúspide y hacerse ricos.

Esta idea que comprobaba en buena medida la experiencia de países como Inglaterra y Estados Unidos, resultó inoperante en México por dos razones principales. Primero, la pirámide social no era, como en esos países, muy alta y de una base angosta, de manera que su inclinación casi vertical facilitaba el escurrimiento de la lluvia fecundadora. En México la base de la pirámide era anchísima y de escasa altura, de modo que el escurrimiento se hacía muy lentamente por una línea muy próxima a la horizontal. Más que nada, porque entre las tres capas de la pirámide mexicana había una gruesa losa impermeable, como de concreto, que ocasionaba que la lluvia caída en la cresta de la montaña se estancara allí, sin escurrir nada o poco a las porciones inferiores de la pirámide.

En suma, en la sociedad mexicana de entonces, lo que hoy se llama movilidad o capilaridad social era muy limitada, de modo que seguía siendo un milagro la carrera de Benito Juárez, que de indio pobre e ignorante llega al pináculo del poder y del renombre.

Esa dificultad para ascender de la capa inferior a la media y a la superior se palpaba desde luego en los terrenos económico y social, de manera que quien nacía pobre y era un don nadie moría en esa misma condición. En un grado si se quiere mayor, esa dificultad se sentía en la vida propiamente política.

Venciendo poco a poco tales obstáculos, fue surgiendo una nueva generación de jóvenes que en la escuela obtuvieron sus títulos de abogados, médicos o ingenieros, y sentían la necesidad de hacerse presentes; abrirse paso; destacarse en la vida pública del país. Apetecían ocupar puestos en la burocracia oficial, el Parlamento, la Judicatura, en la enseñanza o el periodismo; pero los encontraban ocupados desde un tiempo que parecía inmemorial por viejos, y por unos viejos que vivían mucho más de la cuenta. Los jóvenes no advertían que los puestos eran pocos aun dentro del gobierno y menos todavía los que entonces podía ofrecer lo que hoy se llama la iniciativa privada. Sentían, en suma, que la sociedad mexicana estaba toda ella petrificada, y que a menos de sacudirla ellos mismos para renovarla, no tendrían cabida en ella.

Esto ocurrió típicamente en las últimas elecciones del porfiriato. Por primera vez desde hacía treinta y tres años, se formaron varios partidos políticos para contender en las de diputados y senadores de julio de 1910, con el resultado de que ni uno solo de los candidatos independientes obtuvo un escaño en el Congreso. Por lo que toca a las elecciones presidenciales, esos mismos partidos estuvieron dispuestos a reelegir una vez más a Porfirio Díaz si éste permitía que la elección de vicepresidente de la República fuera libre. Se desatendió esa justa y razonable petición, de modo que se impuso la fórmula reeleccionista Porfirio Díaz-Ramón Corral.

Habiéndose cerrado todas las puertas, Madero decidió lanzarse a la rebelión armada el 20 de noviembre de 1910, y seis meses después caía estrepitosamente un régimen de gobierno que había sobrevivido en el poder treinta y cuatro años.

V. LA REVOLUCIÓN MEXICANA

Eduardo Blanquel

1

1910-1920

LA REVOLUCIÓN MEXICANA, como todo hecho histórico, es variable con el paso del tiempo y compleja en su organización y desarrollo. Surge como una protesta de tono eminentemente político frente al régimen porfiriano; pero quienes van participando en ella, quienes van haciéndola, le imprimen la huella de sus ideas, de sus intereses, de sus aspiraciones.

En 1910 Porfirio Díaz se hizo reelegir presidente de México por sexta vez consecutiva. Casi treinta años de un poder siempre en aumento, pero poco renovado en sus hombres y en sus métodos, había desembocado en la paradoja de un presente de fuerza incontestable y, al mismo tiempo, de una inminente debilidad. Nada ni nadie parecía capaz de discutir el porfiriato, ni menos aún de sustituirlo; pero sobre él se cernía ya la amenaza de su evidente envejecimiento, de la cada día más cercana posibilidad de la muerte del caudillo. Efectivamente, en el momento de la que habría de ser su última reelección, el general Díaz contaba ochenta años de edad.

Por todo eso, desde 1904 había surgido en la vida mexicana el problema de quién sustituiría al presidente. Pero Díaz no lo resolvió: la prolongación del tiempo de su próximo periodo de gobierno de cuatro a seis años mediatizaba el asunto, no lo liquidaba.

En 1908, ante el periodista norteamericano Creelman, el presidente Díaz, explicándose a sí mismo, se miraba como el último de los hombres necesarios en la historia de México. Su larga permanencia en el poder y la forma rigurosa como casi siempre lo ejerció habían sido capaces —decía— de operar un cambio esencial en la organización política y social del país. Afirmaba haber acortado, hasta casi desaparecerla, la distancia que hubo entre una ley constitucional avanzada y un pueblo sin educación política. Díaz pensaba entonces que su sucesor legítimo, el único posible, debería surgir de la organización de los mexicanos en verdaderos partidos políticos, de la lucha electoral libre y abierta. El pueblo mexicano, dijo en ese entonces Porfirio Díaz, estaba apto para la democracia.

Muchos creyeron las palabras del presidente; se produjo así un clima de verdadero debate desconocido en el país desde hacía mucho tiempo. Numerosos publicistas y políticos opinaron. Pronto, sin embargo, se perfilarían dos claras corrientes de ideas. Los voceros de quienes, poseyendo fuerza social y económica, habían carecido hasta ese momento de poder político, y esperaban ser los herederos naturales del porfiriato, postulaban, como paso siguiente al del gobierno personal de Díaz y previo al democrático, una especie de oligarquía de corte intelectual y —muy en el estilo de la época— *científica*. Otros, atenidos a un liberalismo ortodoxo en cuya base estaba la creencia en la capacidad innata de todos los pueblos para la vida democrática, pensaban que el mexicano, ejerciendo su libertad electoral, llevaría al poder a quien debiera y mereciera gobernarlo.

En esta última línea de pensamiento estaba un hombre de claras y sostenidas preocupaciones políticas: Francisco I. Madero, quien en 1908 publica un libro: *La sucesión presidencial en 1910*.

Pero se dio, además, un hecho importante. Por razones de fondo, Madero y Díaz coincidían a su vez. Ambos pensaban que México tenía ya una verdadera y numerosa clase media capaz de asumir conscientemente sus responsabilidades políticas. Como no podía ser de otro modo, Madero, tomando como medida su propia perspectiva social, concluía que el pueblo mexicano estaba apto para la democracia. Por lo tanto, lo invitaba a organizarse en partidos para iniciar una auténtica vida institucional. Éste era el único modo de garantizar la verdadera paz y la continuidad de la obra de gobierno sin peligros como los que acechaban entonces al país porque —decía Madero— si los hombres son perecederos, las instituciones, en cambio, son inmortales.

Sin embargo, en un rasgo de realismo conciliador, y pensando sin duda que una ruptura total del sistema político nacional no sería fácil, Madero proponía que el hombre a elegir de inmediato fuese sólo el vicepresidente. Éste aprendería así el oficio de gobernar para que, al desaparecer Díaz, ocupara en forma natural, sin sobresaltos, el lugar de mando. Díaz no respondió a ninguna de las dos instancias. Es más, quienes desde las propias filas del gobierno, con tibieza, casi con temor, como Bernardo Reyes, pulsaron la viabilidad de sus postulaciones, fueron descartados bruscamente de la vida nacional.

Ante tales actitudes que desmentían lo expresado anteriormente por Díaz, Madero pasaba ya a la práctica de sus ideas. Primero organiza un partido, el Antirreeleccionista, y después inicia lo que resultaba entonces un hecho insólito en la historia entera de México: una campaña electoral. Acompañado únicamente de su mujer y de un correligionario en funciones de orador, Madero recorre amplias zonas del país.

Primero la burla, después la alarma y por último la represión, serían las respuestas que la campaña de Madero habría de tener en los círculos del gobierno. La figura diminuta del retador de Díaz, ya fuera sólo por esa actitud, crecía enormemente con el contacto popular. El pequeño David, que muchos mexicanos esperaban, se hacía presente.

En junio de 1910, desde la cárcel adonde su audacia lo llevara, Madero contempló el proceso electoral. Semanas antes, los primeros desórdenes en lugares tan distantes entre sí como Yucatán y Sinaloa, reflejaban el clima de tensión que México vivía. El 4 de octubre de 1910 el Congreso declara presidente y vicepresidente de México para los próximos seis años a Porfirio Díaz y Ramón Corral respectivamente. El 5 de octubre, Madero, libre bajo fianza, cruza la frontera con Estados Unidos. La Revolución se perfilaba.

Desde su refugio en el extranjero, Francisco I. Madero formulaba y hacía penetrar en México su plan revolucionario. Denuncia el fraude electoral de junio; desconoce los poderes constituidos; él mismo ocupará la presidencia en forma provisional hasta la realización de nuevas elecciones; propone corregir por el camino de la ley los abusos cometidos durante el porfiriato en el campo y hace un llamado a las armas para el 20 de noviembre. Éstos serán los aspectos fundamentales del Plan de San Luis Potosí, cuya síntesis y lema fue: "Sufragio efectivo. No reelección."

En Puebla, al ser descubierta la conjura revolucionaria el 18 de noviembre, el movimiento sufría sus primeras bajas con Aquiles Serdán y sus seguidores. No sólo eso, sino que el temor de algunos revolucionarios, la vigilante espera de otros, la inseguridad de muchos y aun las primeras disensiones hicieron inciertos los días iniciales del movimiento. Pero al fin, y gracias a la eficacia de la vieja institución mexicana de las figuras regionales de estilo patriarcal, Madero logra, ayudado por una de ellas —la del chihuahuense Abraham González— la adhesión de quienes serían los primeros brazos armados de la Revolución: Pascual Orozco y Francisco Villa. La Revolución había comenzado.

El régimen de Díaz contraatacó y Chihuahua se convirtió en el amplio escenario de sus primeras grandes derrotas: Ciudad Guerrero, Mal Paso, Casas Grandes, Chihuahua, Ciudad Juárez… fueron las batallas que allanaron el camino de la Revolución. Emiliano Zapata se levantó en el sur. Los brotes armados se dejaron sentir en otras partes del país. Habiendo fracasado en el terreno militar, ensaya el camino de las negociaciones, mientras, sustituyendo funcionarios, intenta apuntalar su edificio político. Todo resulta ineficaz. En la propia capital y como eco de las victorias revolucionarias del norte, hay motines contra Díaz. Éste renuncia finalmente a la presidencia y abandona el país. Después de seis meses de lucha, la revolución maderista había triunfado.

Por los Tratados de Ciudad Juárez, Madero, militarmente victorioso, negociaba el poder colocando en el gobierno interino a varios de sus hombres. Esperaba que su mandato tuviera un indiscutible origen democrático y no se equivocó. Su llegada a la ciudad de México después del triunfo fue un espontáneo y verdadero plebiscito que se formalizó legalmente en las elecciones de 1911.

El interinato de Francisco León de la Barra no pudo ser una restauración; pero sirvió para provocar nuevas discordias entre los revolucionarios. Unos porque vieron frustrado su acceso al poder; otros porque consideraron que transar era liquidar la Revolución; muchos porque sucumbieron a la intriga que, desde el poder, los hombres del antiguo régimen urdían para dividir al movimiento .

Así las cosas, Madero asumió el poder con un partido seriamente desavenido. La prueba más clara de esa situación fue el alzamiento de Emiliano Zapata amparado en el Plan de Ayala a escasos veinte días de haber ocupado Madero la presidencia de la República. Solamente que en el caso de Zapata la disensión obedecía a algo más profundo que lo puramente político, pues en ella afloraban enérgicamente nuevos puntos de vista sobre lo que debería ser la Revolución. La historia lenta del México porfiriano adquiría ahora una aceleración insospechada. Viejas y agudas carencias como las de la tierra cobraron una urgencia inusitada. Quienes las padecían desde tiempo casi inmemorial pensaron que la palanca del poder, ahora en manos del jefe de la revolución, debería servir para satisfacerlas de inmediato.

Pero además de que la lucha armada no había tocado la organización social o económica del mundo porfiriano, Madero tenía sus propias convicciones sobre el sentido de la Revolución. Para el nuevo presidente de México, el camino verdadero era la ley y sólo por sus cauces deberían encontrar solución los grandes problemas nacionales. Si antes todo había sido hecho por la fuerza, ahora todo debería hacerse por el derecho: aun las más urgentes necesidades como eran las de la tierra.

Políticamente, Madero resultaría víctima de su celo democrático. Le impidió comprender la necesidad de un gobierno unilateral y monolítico que hiciera posible consolidar la victoria. El juego democrático funcionó demasiado pronto. Así, la XXVI Legislatura Federal contuvo en su seno tanto a los emisarios del pasado porfiriano como a los representantes del presente revolucionario. Pero mientras los primeros se unían como nunca para defenderse, los revolucionarios se empeñaban en llevar cada uno al movimiento por el camino que consideraba el mejor. Apenas unos cuantos con clara visión política, como Luis Cabrera, Gustavo A. Madero o Serapio Rendón, intentaron vanamente dotar a la Revolución de un gobierno fuerte.

Momento a momento, la situación nacional se hacía más compleja. El clima de inseguridad que se vivía preocupó hondamente a los dueños del poder económico. Para ellos la paz y la seguridad eran condiciones esenciales de su existencia y prosperidad. Si Madero era incapaz de ordenar al país, se requería de una acción enérgica contra su gobierno. Con mayor razón cuando el presidente mexicano se atrevió a corregir la situación ilegal lograda por algunos inversionistas extranjeros, gracias a la cual se eximían hasta de las obligaciones mínimas para con el país, como eran las del pago de impuestos. La alarma creció, y acaudillados por los representantes de esos intereses extranjeros y con la embajada de Estados Unidos por cuartel general, los mexicanos vencidos por la Revolución, aliados con el ejército porfiriano casi intacto a pesar de su derrota, asaltaron el poder y asesinaron a Madero.

El régimen de Victoriano Huerta careció siempre de fuerza social. Primero, por la manera sangrienta como se hizo del poder. Enseguida, porque la presencia de intereses tan encontrados como los que la Revolución había hecho aflorar, imposibilitaba ya una verdadera restauración. Pero tampoco resultó eficaz el huertismo ante su momento histórico a pesar de que los intelectuales y políticos aliados con él pretendieron dotarlo de principios y planes de gobierno para responder a los problemas que se vivían. Así, ligado por origen y por necesidad a la política internacional de Estados Unidos, cuando ésta cambió de rumbo, Huerta, ahora rechazado, hubo de sostenerse en el poder atenido a sus propias fuerzas.

Los revolucionarios, por su parte, y ante el hecho de la muerte de Madero, instintivamente se reagruparon. Con Venustiano Carranza por caudillo encaminaron su lucha a restaurar el orden constitucional roto por el cuartelazo huertista.

A los nombres ya famosos de Villa y Zapata se agregaron otros: Obregón y Pesqueira; Diéguez, Hill o Pablo González, Amaro, Gertrudis Sánchez o Rómulo Figueroa. Unidos todos y con victorias como las de Torreón, Orendáin o Tepic, pronto agotaron la resistencia de Huerta, quien, después de cometer numerosos crímenes y envolver al país en graves conflictos internacionales, abandonó definitivamente el poder en julio de 1914.

Carranza, el nuevo jefe, tenía un agudo instinto político. Aprendida la lección del pasado inmediato disolvió la maquinaria militar heredada del porfiriato y se empeñó en consolidar un gobierno poderoso que, decía, a su tiempo hiciera posibles las transformaciones sociales y económicas necesarias. Sostenía también que sólo la unidad revolucionaria podría resistir a las presiones del extranjero y exigir respeto a la soberanía nacional.

Por lo pronto, el programa de Carranza pareció acertado y el empezar a salir airoso en las relaciones internacionales aumentó su prestigio y poder. Pero la revolución parecía no detenerse nunca en su tarea de descubrir viejas y nuevas dolencias nacionales. La urgencia del problema agrario en ciertas zonas del país hacía imposible cualquier espera. La intensidad con que se debatían las cuestiones políticas se explicaba en parte por los años pasados en el silencio forzoso. Las ambiciones de los nuevos caudillos conscientes de su fuerza popular y armada no parecían tener límites. A un lustro de iniciada la revolución, el país se mostraba como lo que verdaderamente era: un mosaico humano con necesidades tan distintas, y a veces tan encontradas, que escapaban a toda forma posible de verdadera organización nacional.

El poder prolongado y creciente de Carranza fue puesto en entredicho por varios grupos de revolucionarios. En un intento por resolver el problema de la jefatura del movimiento sin acudir a la violencia, hubo dos convenciones: la de México y la de Aguascalientes. Los resultados fueron contrarios a los esperados. Un primer enfrentamiento de las ideas y las posiciones sociales y políticas de los grupos allí reunidos los separó más profundamente que nunca.

Ante el nuevo panorama, Carranza hubo de ejercer un gobierno más enérgico y practicar una cruda política donde lo importante no sería la aplicación de principios generales, sino la habilidad para resolver, aunque fuera a corto plazo, los problemas sociales más agudos. Logró entonces vencer a sus enemigos. A unos por la fuerza de las armas; a otros en el terreno de las ideas. Todo en medio de una nueva era de violencia.

La antigua fraternidad de los hombres de armas y de los caudillos dejó de funcionar. Ahora Villa era enemigo de Obregón y Zapata lo era de Venustiano Carranza. Ahora Celaya podía significar al mismo tiempo una victoria y una derrota de los revolucionarios.

El constitucionalismo triunfó. Fiel a su política realista y moderada, su jefe propuso adecuar, actualizándola, la Constitución de 1857 a las nuevas circunstancias mexicanas. Vano intento. De sus propias filas surgieron los *jacobinos*. La Revolución —pensaban éstos— requería de una unidad de principios nuevos capaces de producir una verdadera nación. Y esto sólo era posible si a la igualdad jurídica del viejo liberalismo se le agregaba una buena dosis de igualdad económica y social. Si a los antiguos derechos individuales ya indiscutibles se adicionaban los nuevos derechos sociales. Si las tesis esencialistas del derecho natural eran revisadas a la luz de una noción histórica del hombre y su libertad; del hombre y su propiedad, y del hombre frente a otros hombres. Si, por último, el Estado, abandonando el papel de mero vigilante del proceso social, se convertía en el promotor fundamental de su mejoramiento.

Los constituyentes de 1917 no se arredraron ante la heterodoxia de sus ideas, pues las consideraron siempre como la simple expresión —y nada más— de las grandes necesidades nacionales.

Carranza aceptó la derrota sufrida en el Congreso de Querétaro y hubo de ser, al elegírsele presidente, el primero en gobernar bajo el nuevo régimen constitucional.

La revolución social se ponía en marcha lentamente, tanto, que lo considerado como la conquista suprema del movimiento, la no reelección, daría pie a nuevos conflictos. ¿Cómo podrían cumplirse en el breve lapso de cuatro años de gobierno las grandes tareas de transformación social que eran obligación del Estado? La convicción de Carranza de lo acertado de sus principios de gobierno lo llevaron a considerar la posibilidad de prolongarlo a través de un personero.

Pero el mismo principio constitucional que, para Carranza, era el estorbo a la continuidad de su obra, resultaba el único medio seguro de frenar a corto plazo los anhelos de dirección política de los nuevos líderes y de sus grupos, deseosos, a su vez, de imponer sus propias modalidades a las tareas de gobernar.

Al acercarse el momento del cambio de gobierno, y cuando Carranza justificaba su política diciendo que obedecía a la necesidad de cerrar el paso al militarismo y le daba todo su apoyo a un candidato civil, los revolucionarios volvieron a chocar entre sí y el carrancismo fue destruido.

Diez años después de iniciada la Revolución, Madero, Zapata y Carranza, las tres figuras más altas de su primera etapa, ya no existían. La nueva generación de caudillos revolucionarios avanzaba a paso de vencedor al primer plano de la vida nacional. Ellos se empeñarían en una búsqueda casi febril del tiempo perdido, inaugurando la etapa de la reconstrucción nacional.

1921-1952

En 1920, México pareció iniciar una era de paz. Ese año, y tras un breve interinato civil, puesto a manera de justificación y puente entre el último alzamiento armado y la nueva vida institucional, Álvaro Obregón, uno de los militares más brillantes —y sin duda el más poderoso— de quienes habían surgido del movimiento revolucionario, ocupaba la presidencia de la República. Esto último después de unas elecciones en donde el juego de partidos apenas embrionarios, y un remedo de campaña política, se mostraron más como una serie de buenos propósitos, que como expresiones de la realidad.

En el momento de ser electo, sin duda la porción mayor del poder de Obregón provenía del hecho de ser un caudillo victorioso. Pero la perspicacia del nuevo gobernante le hizo comprender muy pronto que sus méritos personales no bastaban para explicar su triunfo, ni menos aún para hacer descansar exclusivamente en ellos el peso entero de su administración. Su éxito personal era de alguna manera el de su propia facción revolucionaria (compuesta fundamentalmente por el grupo social medio), explicable, a su vez, por la capacidad de tal grupo para representar, al menos formalmente, a todos los sectores de la nación.

En efecto, el éxito de la clase media se debió al hecho de poseer una más amplia perspectiva social, y una mayor coherencia teórica que los grupos populares, mayor que los obreros, cuyo raquitismo numérico e inconsistencia doctrinaria había tenido su más desconcertante y fugaz expresión en el episodio revolucionario de los "Batallones Rojos". Pero la confusión de las cuestiones sociales y su aparente adormecimiento durante los primeros momentos del régimen obregonista no eran garantía de que no resurgieran en cualquier momento como algo imperativo.

Por otro lado, la victoria del grupo en el poder, cuyo soporte principal era aún el de las armas, debería transformarse en un verdadero triunfo social y político, produciendo un Estado auténticamente nacional e indiscutible, por ser más representativo y poderoso que cualquiera de los intereses en pugna. Para lograr tales propósitos era necesario transformar en actos positivos el compromiso constitucional de 1917. Así, en la medida en que el gobierno diera satisfacción a las necesidades y aspiraciones de los campesinos y los obreros, éstos se identificarían con él y lo apoyarían. De esa manera, también, las fuentes del poder serían otras que las puramente militares.

En 1921 daba principio la verdadera reconstrucción nacional. A pesar de su lentitud y de las fluctuaciones en su ejecución, la Reforma Agraria se ponía en marcha. El latifundio, ahora proscrito, iría cediendo ante la pequeña propiedad, pues según el criterio oficial del momento, ésa era la forma óptima de explotación de la tierra. Junto a ella, pero como solución secundaria, la restitución y la dotación ejidales. Así, a pesar de sus deficiencias, la redistribución de la tierra se constituyó en la base fundamental de una economía más compleja y productiva; en la única garantía real para emprender con posibilidades de éxito el proceso de industrialización nacional.

Pero además, si el sistema del reparto agrario no se condujo siempre con la amplitud y celeridad que las necesidades de los campesinos exigían, sí logró despertar en ellos una actitud esperanzada, que al usarse con habilidad política, permitió establecer una alianza estrecha entre el Estado naciente y los hombres del campo. El paso siguiente sería organizar a esos hombres en grandes asociaciones para dar mayor coherencia y efectividad a su fuerza social.

Un procedimiento semejante habría de seguirse con los obreros; pero, en su caso, aprovechando una particular circunstancia histórica. La debilidad innegable del movimiento laboral había producido que desde sus orígenes, y a pesar de ostentarse frecuentemente como anarquista, confiara siempre y en última instancia la protección de sus intereses al Estado mexicano, frente a los patrones, con frecuencia extranjeros. Pero además de todo esto, al incorporar a los dirigentes obreros al aparato estatal con cargos de la más alta jerarquía, se garantizaba plenamente su solidaridad.

Así las cosas, el Estado adquiría dos fuerzas poderosísimas de acción sociopolítica, pero a su vez y fatalmente, las organizaciones populares nacientes habrían de sufrir, al sumarse a ellos, todas las fluctuaciones ideológicas de los gobiernos nacidos de la Revolución. Sin embargo, la efectividad de tales alianzas hubo de verse pronto. Cuando la lucha por el poder produjo otra vez levantamientos armados, éstos quedaron casi exclusivamente atenidos al apoyo militar, y al ser fácilmente vencidos, pudieron exhibirse a los ojos de la nación como simples acciones de aventurerismo político que, a lo más, enfrentaban a la nueva democracia social proclamada por el gobierno y probada con hechos, una democracia formalista y electoral extemporánea. Tales fueron los casos de Adolfo de la Huerta en 1923 y más tarde, en 1927, los de Serrano y Gómez. Pero su secuela fue siempre la misma. Cada intento rebelde, lejos de fortalecer al ejército, lo privó siempre de algunos de sus más antiguos y poderosos generales.

En 1924, establecidas ya las nuevas bases del poder político, ocupa la presidencia Plutarco Elías Calles. Con él, y durante casi todo su gobierno, funcionaron con gran efectividad las directrices de acción social y de ortodoxia política ya aceptadas, tanto, que México logró salir casi ileso del replanteamiento de uno de los problemas que más honda huella han dejado en su historia: el religioso. En los años que corrían, las nuevas realidades de la sociedad y la economía produjeron, en mayor o menor grado, pero necesariamente, una agilización de las conciencias y una clara apetencia de mejoramiento espiritual. Por eso cuando la Iglesia, sin entender los cambios operados en el país, intentó cerrar el paso a la libertad de conciencia y a unas posibilidades más amplias para la educación, hubo de quedarse casi sola. Más aún, cuando el todavía reciente y extraordinario experimento educativo de Vasconcelos, al postular un humanismo integral, mostraba que el Estado podía impartir una enseñanza que no reñía con ninguna de las vocaciones del hombre. Así, la guerra cristera fue un episodio doloroso y sangriento, pero nada más...

México vivía sin duda una época de transformaciones inusitadas. Su rostro moderno comenzaba a perfilarse.

Pero al final del mandato callista, otras muchas cosas comenzaron a dar muestras de cambio. La continuidad en el poder había permitido al grupo gobernante compartir otras formas de dominio social. Al construirse las obras complementarias para la transformación de la economía agraria, de los servicios públicos, de la salubridad y la educación, una derrama de bienes empezó a generar una clase nacional económicamente fuerte fuera y dentro del poder público. Por otra parte, la necesidad del crédito extranjero para el propio crecimiento nacional, había atemperado mucho las actitudes nacionalistas mantenidas durante la Revolución armada.

Pero como a su vez las presiones populares para alcanzar una sociedad más justa no cesaron del todo, y eran tan válidas como los problemas que expresaban, los años conocidos como "el maximato" fueron especialmente ambiguos y fluctuantes entre la lealtad y el abandono de las tesis revolucionarias de 1917. La revolución social ciertamente no se detuvo, pero su ritmo de desarrollo se hizo particularmente lento al principiar los años treinta de este siglo.

Pero también cambió en ese entonces muy profundamente la vida política mexicana.

Obregón primero y después Calles, dos formas del caudillaje, serían liquidados, en una aparente paradoja, por los propios instrumentos de dominio social que los hicieron tan poderosos.

El poder político después de ellos se institucionalizó hasta hacerse casi indiferente de quien lo ostentara.

Esto no lo comprendieron quienes en 1928, asesinando a Obregón, apenas la cabeza visible de la Revolución hecha gobierno, creyeron detenerla o liquidarla.

Para demostrar lo contrario, ese mismo año se creaba un partido oficial. Las funciones del nuevo organismo político serían múltiples: prestar una fuerza refleja a los hombres nuevos que por la exigencia legal de la no reelección irían accediendo al poder; evitar la anarquía de las contiendas electorales que, sangrientas o no, diezmaban o dividían las filas revolucionarias, permitiendo en cambio la alternabilidad, o por lo menos la participación en el poder de los grupos representados en el propio partido, y llevar a una forma menor y controlable —que frecuentemente se resolvería en una pugna meramente ideológica— las contradicciones reales de la sociedad mexicana.

La eficacia del partido quedó de manifiesto en la campaña presidencial de 1929 apenas a unos meses de haberse creado.

La contienda electoral probaría la efectividad de los cambios operados en la vida política nacional. Un candidato, el opositor, era Vasconcelos, quien encarnaba con mucho la era ya liquidada de las figuras políticas excepcionales. Su inteligencia superior y una personalidad que rebasaba las fronteras nacionales lo hacían potencialmente peligroso. Además, su exigencia democrática tenía el valor de ser una deuda real de la Revolución. Su crítica eminentemente moralista puntualizaba con acierto los elementos de corrupción del mundo oficial mexicano. Pero su prédica social, notablemente pobre, decía muy poco a quienes sin ser parte formal del gobierno habían alcanzado los beneficios muy superiores a los que Vasconcelos prometía, y que ahora, dentro de ese gobierno y por su nueva calidad de partidarios, esperaban acrecerlos. El candidato oficial, en cambio, una figura política de segundo orden y una personalidad mediana, transfigurado por la magia del partido, aparecía poderoso y dueño de un programa social y económico donde se reflejaban con autenticidad los problemas nacionales y se ofrecían las soluciones adecuadas. Así, con el apoyo hábilmente inducido de campesinos y obreros, Ortiz Rubio legitimó su triunfo. Pero la ambigüedad del momento sociopolítico no cambió y su primera víctima fue el presidente recién elegido.

En los años siguientes, la crisis se agudizó y, si bien se legislaba con criterio de mejoramiento social o se llevaban a cabo actos de gobierno de auténtico beneficio popular, todo era promovido en forma unilateral desde el poder, el cual, paradójicamente, reprimía con dureza los movimientos de exigencia iniciados libremente por los trabajadores del campo y las ciudades. El gobierno sustituto de Abelardo Rodríguez vivió muchos de sus días en un ambiente de agudas tensiones sociales, de las que salió al paso con un programa de acción de largo alcance, el "plan sexenal", cuyo radicalismo —nueva paradoja— no parecía tener ninguna condición de posibilidad práctica a la vista de las acciones oficiales del momento.

Con el "plan sexenal" como plataforma, Lázaro Cárdenas emprende en diciembre de 1933 una campaña electoral de amplitud geográfica y social inusitadas. La maquinaria del partido oficial operó con la eficacia ya probada, y su candidato encontró nuevamente en el sufragio de los grupos populares la base de su victoria. Un año después de iniciada su campaña, Lázaro Cárdenas era presidente de México.

En los comienzos del nuevo gobierno —como en el de todos los habidos en México— las posiciones sociales se radicalizaron en un esfuerzo supremo de presión para arrancar, más o menos pronto, una definición doctrinaria al nuevo mandatario. La agitación social se manifestó entonces inconteniblemente. Pero rompiendo el estilo político del pasado inmediato, Cárdenas tomó partido por los movimientos populares. Confiados en el apoyo gubernamental, los obreros primero y los campesinos después, rebasaron a las antiguas organizaciones y a sus viejos líderes. Esa forma de liberación de las fuerzas sociales populares no significó desde luego que el gobierno dejara de operar sobre ellas, las reorganizara y continuara dirigiéndolas, sino que los objetivos de esa dirección serían distintos.

Empero, nada de lo sucedido podía quedar impune. Los dueños de los intereses creados, fueran o no mexicanos, acogidos hacía mucho a la sombra del "jefe máximo", hicieron que la voz de éste se levantara para condenar, en nombre de los logros de la Revolución, una agitación peligrosa y estéril, y para amenazar veladamente a quien se consideraba el verdadero responsable de la situación: el presidente de la República.

La lucha dentro del propio grupo en el poder estaba planteada. Las tácticas del cardenismo probaron su validez. En la medida en que hacía concesiones a las grandes masas, la base de su poder político era más amplia y resistente. La etapa aguda de la contienda duró casi tres años, y sus grandes episodios fueron: una violenta crisis de gabinete; el destierro de Calles, el hombre fuerte de México; la neutralización de las antiguas agrupaciones obreras y campesinas creando otras paralelas de nuevo signo, y, finalmente, la reorganización del partido oficial.

El último hecho confirmaba la capacidad de asimilación del nuevo régimen y su sensibilidad para el cambio. Además de los campesinos y los obreros que lo integraban, el partido pudo contar con un enorme sector de clase media, producto de la propia Revolución, que se hallaba enclavado fundamentalmente en la burocracia, y con el ejército, compuesto, sobre todo en sus jerarquías inferiores, por una generación nueva con una mentalidad también nueva. Por último y sobre las mismas bases de apoyo popular, oportunamente fermentadas con una buena dosis de nacionalismo defensivo, el gobierno pudo enfrentar el poder de los inversionistas extranjeros, y por medio de una serie de expropiaciones agrarias, de mejoras para los obreros y del rescate de los ferrocarriles y el petróleo, confirmar la soberanía nacional y establecer un principio verdadero de independencia económica.

Ciertamente en algunos momentos del régimen de Lázaro Cárdenas se manejó el lenguaje del socialismo como algo propio. Sin embargo, en la práctica se siguió la doctrina formulada claramente desde 1906 por el Partido Liberal, y sostenida más o menos fielmente a lo largo del proceso revolucionario: la creación y desarrollo de una economía capitalista, sólo que liberada de las injusticias sociales que provoca. Pero la gravedad de los problemas a que hubo de enfrentarse trajo la necesaria precipitación de muchas de sus medidas de política social o económica, cosa que provocó, a su vez, la debilidad de las resoluciones. El activo revanchismo de quienes fueron afectados por esas medidas, e incluso el peligro de verlas frustradas por una radicalización incontrolada de las organizaciones de obreros y campesinos, obligó a que los últimos momentos del régimen tuvieran un tono de moderación que se acentuaría en el momento legalmente ineludible, del cambio presidencial de 1940.

La campaña política en que contendieron Almazán y Ávila Camacho fue particularmente activa y aun cruenta, tanto que llegó a temerse una guerra civil. Las fuerzas en pugna deslindaron sus posiciones con gran claridad. Durante la lucha, la oposición ensayó todos los recursos. Desde la amenaza de una invasión extranjera para liquidar el peligroso ensayo comunista en México, hasta el intento de rebelión, pasando por la organización de verdaderos partidos políticos.

El mundo oficial, por su parte, dejó sentir todo el peso de su poderío y Manuel Ávila Camacho fue presidente.

El gran telón de fondo de la segunda guerra mundial justificó la nueva política, proclamada como de unidad nacional, que en la realidad se tradujo en un forzado quietismo social favorable al renacimiento de los factores de poder deteriorados en el sexenio anterior. La Reforma Agraria, antes floreciente, languideció. Los movimientos obreros también. El capital extranjero, ligado más que nunca —y por razones de seguridad y táctica internacionales— con el capital nacional, se dejó sentir otra vez poderoso e incontenible... Pero en verdad el régimen de Ávila Camacho no fue del todo ajeno a la Revolución y su ideología. Hizo suya una parte de la doctrina y la puso en práctica, la del objetivo capitalista, aun cuando deprimiera otra, la de la justicia social.

A partir de 1946, bajo el gobierno de Miguel Alemán, la época iniciada en el régimen anterior se definió con claridad. Para situarse histórica e ideológicamente, el alemanismo reinterpretaba el proceso revolucionario mexicano y lo veía como un absurdo. Los regímenes anteriores, al repartir una riqueza precaria, casi inexistente, habían vivido un mero espejismo de progreso. Luego era necesario corregir el rumbo. Clausurar una política equivocada e inaugurar otra. Repartir la riqueza exigía primero crearla. Sólo así se podía dejar atrás un pasado erróneo: sólo así se podía ir más allá de la Revolución mexicana.

Ciertamente el país vivió entonces uno de los grandes momentos de su crecimiento. Un viejo y legítimo anhelo de ser plenamente moderno pareció empezar a cumplirse en ese entonces para México al quedar inscrito en la lista de los países en franco desarrollo.

En un primer momento el alemanismo pareció tener razón. La acumulación de capital propiciada por la guerra y por una política de tolerancia indiscriminada hacia la inversión extranjera hicieron posible un crecimiento espectacular de la economía mexicana. Pero sostener y sobre todo aumentar el ritmo de crecimiento de un país dependiente requería de alguien que, dentro de sus propias fronteras, pagara el progreso. Aquellos a quienes la Revolución había señalado siempre como los destinatarios de la riqueza nacional, deberían aplicarse primero a crearla. Se frenó entonces la Reforma Agraria y los instrumentos legales que la garantizaban fueron desvirtuados.

Los movimientos obreros se reprimieron duramente y muchos de sus líderes mantenidos en la quietud por medio de una tenaz política de corrupción.

El propio partido político nacional se reorganizó para eliminar de su programa todo elemento de excesiva virulencia social.

Pero el gobierno alemanista, al debilitar las bases de apoyo popular creadas por sus antecesores, gravitó peligrosamente hacia otros puntos de sostén. El Estado mexicano podría perder su capacidad de dirección dentro de la vida nacional y quedar prisionero de los grandes intereses económicos...

VI. EL MOMENTO ACTUAL

Daniel Cosío Villegas

HASTA 1972

Sus historiadores concuerdan más o menos en dividir el estudio de la Revolución mexicana en tres etapas. La "destructora", que va de 1910 a 1920, cuando la tarea principal es acabar con el antiguo régimen porfiriano e idear siquiera el marco teórico de la Constitución de 1917, dentro del cual debía levantarse la nueva sociedad que la Revolución se había propuesto construir. La segunda, de 1921 a 1940, la llaman etapa "reformista" porque en ella comienza a aplicarse la Reforma Agraria, se fortalecen las organizaciones obreras, renacen la educación y la cultura, se fundan instituciones como el Banco de México, el Banco Nacional de Crédito Agrícola, las Escuelas Agrícolas Regionales, etc., de las que iba a salir el México nuevo. Por último, la tercera, que comienza en 1941 y concluye en 1970, ha sido llamada "de consolidación" o de "modernización", si bien el nombre más gráfico o descriptivo sería de "estabilidad política y de avance económico".

Por supuesto que nunca deja de ser arbitraria cualquier partición de la historia en épocas o etapas. Por eso, no debe extrañar que ésta de la "estabilidad política" se inicia de verdad en 1929, cuando se funda el primer partido político oficial o gubernamental con el nombre de Partido Nacional Revolucionario. Su primer objetivo fue dejar la solución a las disputas por el poder, no a las armas, como había ocurrido de 1910 a 1928, sino al medio civilizado de una lucha puramente política, que se desarrollaría en esta forma: todos los aspirantes a cualquier puesto de elección popular podían y debían trabajar su candidatura dentro del partido libre y abiertamente; pero la selección la haría una convención que, convocada en el momento oportuno, mediría el apoyo que hubiera logrado cada uno de los aspirantes y escogería al que lograra el mayor. Entonces la convención lo declararía candidato único del partido, y lo apoyarían sus rivales vencidos y el partido todo.

La escisión fue el signo bajo el cual nació y vivió la Revolución mexicana hasta 1928. Recuérdese que apenas iniciada en Chihuahua, Pascual Orozco y Francisco Villa pretenden desconocer la autoridad de Madero, e incluso encarcelarlo para anularlo política y aun físicamente. Vencido ya Porfirio Díaz y constituido el gobierno provisional de Francisco León de la Barra, los hermanos Vázquez Gómez, quienes representaban en él a Madero, pelean públicamente con el presidente provisional. Al poco tiempo de ser electo Madero presidente constitucional, se levantan en armas su antiguo lugarteniente Pascual Orozco y esos hermanos Vázquez Gómez, que lo habían acompañado desde la iniciación misma del movimiento antirreeleccionista. Al nacer el movimiento constitucionalista acaudillado por Carranza, Villa dio la nota discordante con su desconfianza en el grupo revolucionario de Sonora, y no pasó mucho tiempo sin que desconociera abiertamente la autoridad de Carranza, cuyo título oficial era el bien significativo de *Primer* Jefe del Ejército constitucionalista. Lo mismo hizo en seguida la Convención de Aguascalientes, convocada justamente, vencido ya Huerta, para darle unidad a la acción gubernativa del constitucionalismo. A todo esto, tanto Madero como después Carranza, fracasaron en fundir en un solo grupo a los revolucionarios del norte y los del sur, en particular el zapatista.

Convertido Carranza en presidente constitucional, no hubo un solo día de sus cuatro años de gobierno en que el país entero viviera en paz, pues siempre existieron núcleos rebeldes armados que desconocían su autoridad. El desgajamiento del grupo revolucionario, sin embargo, se hizo más patente todavía al sobrevenir las elecciones presidenciales de 1920, pues a falta de un entendimiento sobre el sucesor de Carranza, el general Álvaro Obregón resolvió derribar al Presidente con las armas. En las elecciones de 1924 es Adolfo de la Huerta quien se levanta contra el presidente Obregón, y en las de 1928, llegándose al extremo del desacuerdo, desconocen al presidente Calles los generales Francisco Serrano, Arnulfo R. Gómez, Francisco Manzo, Gonzalo Escobar, etcétera.

Estas rebeliones militares no sólo perturbaban el orden y la paz del país, sino que destruían la poca riqueza física que México lograba acumular en los años de sosiego. Por si algo faltara, daban el triste y deprimente espectáculo de ver asesinar a grandes caudillos de la Revolución como Madero, Carranza, Obregón y Serrano, y fusilados a distinguidos jefes militares. En contraste con esta era atormentada, desde 1929 hasta 1970, es decir, durante cuarentaiún largos años, las elecciones presidenciales y locales se han hecho sin perturbarse la paz. En ese año de 1929 se funda el primer partido político "oficial", y aun cuando no puede atribuirsele todo el mérito de cambio tan saludable, debe reconocerse que hasta ahora se las ha arreglado para resistir los embates del tiempo y sobre todo las divisiones que en él mismo han ocurrido: la del general Juan Andreu Almazán en 1940; la de Ezequiel Padilla en 1946 y la del general Miguel Henríquez Guzmán en 1952. Los tres lanzaron sus candidaturas a la presidencia de la República separándose del partido y oponiéndose a los candidatos que éste había escogido. Pero no se alteró la paz, los candidatos "oficiales" llegaron a la presidencia y el partido pronto repuso los huecos que dejaron las deserciones provocadas por esas aventuras electorales. Por último, en las tres últimas elecciones presidenciales no hubo la menor discrepancia.

Era inevitable que las rebeliones militares de Madero contra Porfirio Díaz y de Venustiano Carranza y sus constitucionalistas contra Victoriano Huerta, así como las luchas armadas entre las distintas facciones revolucionarias (obregonista contra Carranza, delahuertistas contra Obregón, y Serrano, Manzo, Gómez, etc., contra Calles) se tradujeran en dos hechos de una tremenda repercusión económica. Por una parte, la destrucción de la riqueza ya adquirida, digamos las vías férreas o las líneas telegráficas, y por otra parte, dejar de progresar al parejo de los muchos países que vivían en paz, quedando México, en consecuencia, a la zaga. Dada esa doble circunstancia, no puede extrañar que, comparado con el nivel que había alcanzado en 1910, la economía nacional, o bajara a uno inferior, o apenas lo superara. Ambos hechos son tanto más impresionantes cuanto que se repitieron una y otra vez durante veinte o treinta años seguidos, o sea que la recuperación económica después del primer estallido de la Revolución se inició con tardanza y con lentitud.

En efecto, ya es significativo que sus historiadores dividan nuestro desarrollo económico en dos épocas: la primera, que llaman "sin crecimiento económico sostenido", va de 1910 a 1935, y la segunda, de 1936 a 1970, es de "crecimiento económico definido". Todavía dividen la primera en dos: de 1910 a 1915, en la cual se registra una "caída vertiginosa" de la economía nacional, y la de 1916 a 1935, cuando comienza una recuperación difícil. Por ejemplo, el valor de la producción minera, entonces el renglón más importante de nuestras exportaciones, no recuperó el nivel alcanzado en 1910 sino trece años más tarde. El de la agricultura y el de la ganadería bajaron a la mitad de lo que fueron en el último año de Porfirio Díaz. La única y sobresaliente excepción fue el petróleo, cuya producción pasó de escasos treinta millones de pesos a mil ochocientos millones.

Apenas comenzaba a enderezarse, cuando un nuevo infortunio se abatió sobre nuestra economía. Fue la gran depresión de 1929-1933, que, nacida en Estados Unidos, se extendió con prontitud a todo el mundo, y naturalmente cayó sobre México. La venta de nuestros productos al extranjero se redujo en 1932 a sólo un tercio de lo que había sido dos años antes, y nuestras compras en el exterior se contrajeron en una proporción semejante. Los ingresos del gobierno federal bajaron en una cuarta parte, y por eso tuvieron que recortarse los gastos de manera drástica.

Esta situación de atraso y de incertidumbre empieza a cambiar hacia 1936. La agricultura, por ejemplo, que desde las postrimerías del régimen de Porfirio Díaz había permanecido casi estacionaria hasta 1935, inicia su progreso y llega a ser su mejoramiento superior al promedio de toda la economía nacional. Este avance notable se consiguió en parte por haberse extendido la superficie de las tierras cultivadas de 15 a 24 millones de hectáreas entre 1930 y 1960. En otra parte, por el uso de mejores técnicas de cultivos, sobre todo de abonos y de semillas seleccionadas. Y también a causa de las grandes obras de irrigación que permitieron cultivar extensas zonas con la seguridad de contar con agua suficiente y oportuna. Los avances de la industria han sido también señalados, como que a partir de 1936 el valor de las manufacturas ha subido al ritmo de casi un ocho por ciento anual. Y no se quedan atrás en su crecimiento las industrias de la construcción y de la electricidad.

El resultado de éstos y otros factores es que la economía mexicana ha progresado desde 1940 en algo más de un seis por ciento cada año, una tasa de crecimiento superior al promedio de todos los países latinoamericanos, y aun de los mejor dotados, como Brasil, Argentina y Venezuela.

No todo podía ser así de paradisíaco ni de eterno. Hace doce años se publicó el primer estudio sobre la forma en que se distribuían los beneficios de ese gran avance económico, y se descubrió que era bastante inequitativa. Mientras un diez por ciento de familias privilegiadas se llevaba casi la mitad del ingreso nacional, al cuarenta por ciento de familias pobres apenas les tocaba el catorce por ciento. Poco después se descubrió que el desequilibrio del desarrollo económico no era sólo vertical, o sea según las diferentes capas de la pirámide social, sino que lo era también horizontalmente, es decir, por regiones. Existían estados de la República, como Jalisco, Nuevo León y Puebla, que prosperaban; pero al lado de ellos había otros cuyo desarrollo se hallaba estancado y la mayoría empeoraba su situación económica. A este infortunio se agregaba otro, el de vivir en los estados estacionarios y en los retrasados mayor número de habitantes que en los estados prósperos. Además, aun dentro de estos últimos no deja de haber zonas que guardan una situación inferior al promedio de esos mismos estados. Nada ilustra tan bien este desequilibrio regional como el caso del Distrito Federal. Con un territorio menor que el de cualquiera otra entidad, contiene más del doble de habitantes que el estado más poblado, y el presupuesto de egresos de que dispone el Departamento del Distrito Federal es dieciocho veces superior al de Nuevo León, el estado más rico.

No pararon allí los descubrimientos, sin embargo. La retribución del trabajo industrial es bastante mayor que la del trabajador agrícola, y aun dentro de éstos, el salario del que labra tierras buenas e irrigadas es más elevado que el de aquel que cultiva las tierras pobres del Bajío.

En suma, ha tenido que reconocerse la urgencia de corregir estos vicios de nuestro desarrollo económico para hacerlo más parejo y más equitativo. De hecho, para hacerlo posible, pues, en efecto, desde 1940 sobre todo ha surgido una serie de problemas "demográficos", o sea relativos a nuestra población. El primero es su notable crecimiento: ya entre 1930 y 1940 aumentó a razón de 2.7 por ciento al año, debido a que por cada cien habitantes nacían casi 5 pero morían más de 2; sin embargo, en el último decenio, a causa de la baja pronunciada de la mortalidad, dejaba de existir escasamente uno mientras seguían naciendo algo más de 4, de manera que el incremento demográfico llegó a ser de 3.4 % al año. Esto significa que si bien México contará con más hombres y mujeres que trabajen y creen riquezas, tendrá muchas más boca que alimentar. Y aquí entra el segundo gran problema demográfico, el que se llama "composición" de la población, o sea su agrupamiento por edades. Casi la mitad de la población (49.93%) no está en edad de trabajar porque tiene menos de catorce años o más de sesenta y cinco. Esto significa que veintitrés millones de mexicanos tienen que trabajar no sólo para mantenerse y educarse ellos mismos, sino para mantener y educar a los veintitrés millones que por razón de edad no pueden hacerlo. En fin, el otro gran problema es la concentración urbana de la población, el éxodo continuo del campo a la ciudad, y la imposibilidad de que la ciudad les dé a todos trabajo, educación, atención médica, etcétera.

Tampoco ha dejado de ser objeto de estudios y de observaciones críticas la estabilidad política, el otro rasgo distintivo de la etapa más reciente de la Revolución mexicana. No se ha perturbado hondamente la paz y el orden en el país, se han hecho con toda normalidad las elecciones, igual de las autoridades locales que de las federales. Pero se ha advertido que México ha sufrido grandes transformaciones en los últimos treinta o treinta y cinco años, y que, por lo tanto, es más que aconsejable adecuar a las nuevas circunstancias toda nuestra vida política. Los notables progresos logrados en materia de comunicaciones y transportes, han acercado mucho a los mexicanos, de modo que entre todos ellos existe hoy una comunidad de ideas y de sentimientos que antes sólo fragmentariamente existía. Por su parte, la multiplicación de las escuelas y el número cada vez mayor de educandos que acuden a ellas, han creado en el mexicano de hoy una conciencia cívica más despierta y más exigente. Todo esto engendra el deseo de participar en la vida pública del país, y de allí la necesidad de democratizarla a todos sus niveles. Esto quiere decir que el partido oficial debe abrir más sus puertas para que por ellas entre, sobre todo, la corriente renovadora de la juventud. Asimismo, que ha de estimularse a los partidos políticos de oposición, de modo que a la hora de las elecciones el ciudadano mexicano tenga ante sí la posibilidad real de elegir entre distintos programas y varios candidatos, unos y otros claramente definidos.

Si pudiera sacarse una gran moraleja de lo expuesto hasta aquí, podría decirse que el México de hoy inicia una etapa nueva de su vida, y que todos y cada uno de sus hijos deben esforzarse en sus respectivas esferas de acción por hallar prontamente las soluciones a los problemas con que hoy lidia el país, que no son pocos ni fáciles.

VII. EL ÚLTIMO DECENIO: AÑOS DE CRISIS, AÑOS DE OPORTUNIDAD

Lorenzo Meyer

EN CIERTO SENTIDO, la historia del decenio que va de 1971 a 1980 tiene antecedentes en 1968; en este año el sistema político y social heredado de la Revolución de 1910 se vio sometido a una dura prueba. Entre julio y octubre se produjeron en la ciudad de México manifestaciones multitudinarias de estudiantes y de personal académico, originadas en violentos incidentes estudiantiles en las aulas de enseñanza media y agravadas por la escalada de represión policial. Con ellas se puso en duda la legitimidad del proyecto político del régimen como no había ocurrido desde 1957-1958, cuando se desarrollaron los movimientos de huelga magisterial y de ferrocarrileros.

El movimiento de 1968 demandaba el respeto al espíritu democrático de la Constitución de 1917; lo cual, sin ser abiertamente revolucionario, equivalía a denunciar y rechazar la tendencia autoritaria y corporativa del régimen. Asimismo, la protesta ponía en entredicho el modelo de crecimiento económico que, adoptado a partir de la segunda guerra mundial había acentuado la distribución desigual de la riqueza y era incapaz de crear empleos al ritmo adecuado para absorber los incrementos demográficos. Pese a la industrialización rápida y la modernización agrícola, este modelo reafirmaba los lazos de dependencia externa y aun daba a ésta nuevas características (por ejemplo, en el área tecnológica). En fin, de manera no muy abierta pero evidente, el movimiento del 68 se manifestó en contra de los principales rasgos del sistema de economía mixta, al menos tal y como éste se había desarrollado en los últimos años. Los estudiantes, en su mayoría de clase media, no lograron sin embargo atraer el apoyo de los obreros y menos aún de los campesinos. A lo largo de la crisis, estos dos sectores comprobaron su cualidad de pilares políticos del régimen al rechazar los esfuerzos de los jóvenes por atraerlos hacia posiciones antigubernamentales.

La fuerte represión de los impugnadores, que culminó con la matanza del 2 de octubre en la Plaza de las Tres Culturas, en Tlatelolco, puso punto final a la "toma de las calles" por parte de los estudiantes. El grueso de la comunidad académica se replegó a sus espacios naturales, las universidades, pero ya con una conciencia muy crítica del sistema que no tardaría en transmitirse a las siguientes generaciones o en convertirse en análisis que exponía con mayor o menor rigor las "zonas oscuras". Ello impidió así la persistencia del espíritu triunfalista en los dirigentes políticos y económicos del país. Entre 1971 y 1980 hubo una verdadera explosión de planteamientos críticos en relación con el modelo desarrollista de crecimiento económico y con el sistema autoritario de control político.

Las consecuencias del 68 no se redujeron únicamente a la "crisis de conciencia" ni a la "conciencia de la crisis". Hubo quienes consideraron que la represión no dejaba más alternativa que enfrentar la violencia con la violencia y ésta se dejó sentir de varias maneras. La guerrilla en México fue un fenómeno característico de los años setenta, sobre todo de su primera mitad. La guerrilla urbana, más estructurada ideológicamente, operó en las principales ciudades del país, mientras que la rural quedó localizada sobre todo en Guerrero, entidad plagada de problemas locales y donde la violencia era ya endémica. Ambas procuraron conectarse pero en realidad siguieron rutas diferentes y al final el aparato de seguridad del Estado logró desarticularlas, con lo cual prácticamente cerró este camino para la oposición. En 1977, ya durante el gobierno de López Portillo, la amplia amnistía en favor de los presos políticos buscaba aminorar el costo político de la operación.

El sistema político mexicano actual ha mostrado recientemente flexibilidad en la respuesta a sus impugnadores: generalmente ha preferido la cooptación a la represión. La administración del presidente Echeverría abrió, desde 1971, una posibilidad para volver a poner el acento en la negociación. Echeverría tomó como propia la bandera de la crítica y atacó la filosofía y la práctica de la política desarrollista del pasado reciente, sobre todo la del "desarrollo estabilizador", por la injusticia social que había aceptado y fomentado. Desde lo alto de la pirámide del poder se escucharon entonces condenas a los que "traicionaron los ideales de la Revolución", al imperialismo e incluso al capitalismo. En la práctica, esta retórica —que tuvo ribetes populistas y neocardenistas— no se tradujo en cambios fundamentales aunque sí causó zozobra en algunos sectores conservadores.

Parte de la respuesta de Echeverría a los sucesos del 68 consistió en dotar de más recursos a las universidades, en aceptar e incluso alentar la formación de pequeñas organizaciones de izquierda como los partidos Mexicano de los Trabajadores y Socialista de los Trabajadores, y en poner en libertad a la mayoría de los participantes en los hechos de 1968 (algunos de los cuales se incorporaron a la administración pública). Por otra parte, se redujeron los obstáculos a la crítica hecha a través de algunos de los medios masivos de comunicación. Al final del sexenio esta libertad de expresión, parte central de la política de "apertura democrática" echeverrista, encontró abruptamente algunas limitaciones, como lo mostró en 1976 la expulsión de los directivos de *Excélsior*, el periódico nacional más importante, a la que no fue ajeno un gobierno impaciente por la persistencia y agudización de la crítica independiente. De todas maneras, el espacio conquistado por la crítica, aunque limitado, ya no se perdió.

La administración de José López Portillo, que tomó el mando en diciembre de 1976 en medio de una nueva crisis de confianza, generada sobre todo por los problemas económicos y financieros, bajó el tono de la retórica aunque también admitió el fracaso del desarrollismo, a la vez que continuó con la búsqueda de una solución institucional y legítima al problema que planteaba la existencia de una oposición débil pero organizada y activa. En 1979, a través de una reforma a la legislación sobre partidos y procesos electorales, el régimen concedió el registro oficial y sus beneficios a dos partidos de izquierda, al Comunista Mexicano y el Socialista de los Trabajadores, y a uno de derecha, el Demócrata Mexicano. Este paso se complementó con cambios en la legislación para aumentar la presencia de representantes de los partidos minoritarios en la Cámara de Diputados mediante sistemas de representación proporcional. De esta manera se abrió el Congreso a la oposición, aunque el partido del gobierno, Partido Revolucionario Institucional (PRI), se aseguró de mantener la mayoría en la Cámara de Diputados y su monopolio en el Senado. Además, su dominio sobre la totalidad de las gubernaturas y los congresos locales y sobre la enorme mayoría de los municipios no fue cuestionado. La esencia de lo que se llamó "reforma política" consistió, pues, en abrir un espacio limitado, pero institucional, para la oposición, precisamente para que ésta no se volviera a ver acorralada y llevada a la vía extralegal, a la violencia.

Si bien la crisis política del decenio arranca de 1968, la económica tiene su punto de partida en 1973-1974; ambas se unen en la segunda mitad de los años setenta. Ya antes algunos habían advertido el peligro de que la industrialización a base de sustitución de importaciones, iniciada durante la segunda guerra mundial, llegara a un callejón sin salida. El meollo del problema estaba en que las posibilidades de sustituir bienes de consumo duradero y no duradero se acortaban con el tiempo, y había que sentar las bases de una etapa más compleja que contemplara la sustitución de bienes intermedios en mayor escala y la de bienes de capital, aún incipiente. Se había visto también la necesidad de impulsar la exportación de bienes manufacturados. Había que buscar que la industria creciera "hacia afuera" y así superar la dependencia casi exclusiva de exportaciones agropecuarias y mineras, pero la planta industrial que se había formado era insuficiente e ineficiente y no podía competir en el mercado mundial sino en muy contados renglones.

La inflación mundial empezó a sentirse en México en 1973. Para el año siguiente ya se había instalado definitivamente. La notable estabilidad de precios mantenida desde fines de los cincuenta se fue por la borda. Las exportaciones y los ingresos netos por turismo no crecieron al ritmo de las importaciones, lo que hizo que el déficit en la balanza de pagos tomara proporciones alarmantes: pasó de 891 millones de dólares en 1971 a 3 722 millones en 1975. La desconfianza en los círculos financieros disminuyó la inversión privada e inició la fuga de divisas. Por su parte, el gobierno acudió al endeudamiento externo en gran escala y recurrió en buena medida a instituciones bancarias privadas de Norteamérica y Europa occidental, de tal modo que el monto de su deuda saltó de 4 219 millones de dólares en 1971 a 11 612 millones en 1975. Era desde luego imposible sostener esta estrategia por mucho tiempo pues, además, la inflación, impulsada por el creciente déficit financiero del sector público, significaba una fuerte sobrevaluación del peso. Al producirse en 1976 ciertas expropiaciones agrarias que muchos juzgaron improcedentes, se acentuó la "dolarización" de la economía bancaria y financiera y aumentó la fuga abierta de capitales que llegó hasta los pequeños ahorros. Fue así inevitable decretar la "flotación" del peso el 31 de agosto de 1976, la víspera del último informe anual del gobierno del presidente Echeverría al Congreso de la Unión. El tipo de cambio fijo de 12.50 pesos por dólar cayó de inmediato a alrededor de 20 pesos y posteriormente a 22.00 (o sea un descenso en términos de dólares de 37.5 a 43.25 por ciento).

Ante estas circunstancias, en muchos círculos nacionales y extranjeros se puso en duda la viabilidad de lo que apenas diez años antes se había calificado de "milagro mexicano". El clima de desconfianza política y económica se generalizó peligrosamente. La esperanza de una solución inmediata, aun cuando no de fondo, a la crisis generalizada se reforzó al anunciarse el descubrimiento de nuevos yacimientos de hidrocarburos: las reservas probadas de petróleo y gas pasaron de 5 400 millones de barriles en 1973 a 11 000 millones en 1977 y a 60 000 millones en 1980. Las autoridades decidieron que Petróleos Mexicanos (Pemex) aprovechara el aumento extraordinario de los precios mundiales; el proyecto oficial era lograr una producción de petróleo suficiente para satisfacer la creciente demanda interna de energéticos y además exportar lo necesario para disminuir el gran déficit de la balanza de pagos —agudizado en los últimos años del decenio por la importación masiva de alimentos—, pero sin llegar a crear distorsiones en la economía al no poderse absorber adecuadamente los nuevos recursos. La cifra que al fin se adoptó como "plataforma" o meta de producción después de varios cambios de criterio, fue de 2.7 millones de barriles diarios, aproximadamente la mitad para el mercado interno y el resto para exportación. El objetivo era no convertir a México en un "país petrolero" más, sino usar el petróleo, nacionalizado desde 1938, como un medio para corregir las notables fallas estructurales de la economía mexicana; es decir, acelerar la creación de empleos, lograr la eficiencia industrial y la autosuficiencia alimentaria, ampliar la red de comunicaciones y mejorar los sistemas educativo y de protección social. Al auge mismo del sector petrolero se añadía la canalización creciente de recursos fiscales derivados de dicho sector y el fortalecimiento de la inversión industrial privada, de tal manera que cuando el petróleo se agotara, en el siglo próximo, ya se hubiera consolidado la base para una riqueza industrial y agropecuaria más sólida y permanente. Éste fue el objeto del Plan Global de Desarrollo presentado por el gobierno en 1980. El éxito de tan importante proyecto, aunque posible, aún no está asegurado al iniciarse el decenio de los ochenta.

Las tendencias a la concentración del ingreso, que venían de tiempo atrás, se acentuaron en el periodo 1971-1980 debido al surgimiento de la inflación, a que las varias reformas impositivas de esos años fueron insuficientes y a que no se atacaron radicalmente problemas estructurales de la economía, en especial la baja productividad de grandes sectores de la agricultura. Según una encuesta de la Secretaría de Programación y Presupuesto llevada a cabo en 1977, 50% de las familias con menores ingresos recibía 13.5% del ingreso total, y en cambio 10% que estaba en la cúspide de la pirámide recibía 46% del mismo.

No debe sorprender que la mayor posibilidad de actuar de la oposición, fortalecida por la reforma política, aunada a la inflación y a otros fenómenos relacionados, hayan favorecido el fortalecimiento de los movimientos sindicales independientes, entre los que destacaron la Unidad Obrera Independiente, la Tendencia Democrática de los Electricistas, el Sindicato Único de Trabajadores de la Industria Nuclear, el Frente Auténtico del Trabajo, los sindicatos de las universidades y algunos de grandes empresas privadas. Sin embargo, aunque importante, el fenómeno insurgente estuvo lejos de poner en peligro el control del régimen sobre el grueso del movimiento obrero organizado a través del Congreso del Trabajo, cuyo centro vital siguió siendo la Confederación de Trabajadores de México (CTM). En realidad, y pese a ciertos roces con el gobierno de Echeverría en los inicios de su sexenio, la CTM se afirmó en estos años como el pilar más sólido del partido oficial (PRI), del gobierno y del régimen, precisamente por su capacidad para lograr, no obstante los efectos de la crisis económica, que los trabajadores aceptaran los topes salariales señalados por las autoridades de acuerdo con las obligaciones contraídas con el Fondo Monetario Internacional en 1976, y que desde el punto de vista del control de la situación económica a corto plazo eran indispensables para ayudar a moderar la inflación.

El control de los trabajadores organizados fue sólo una cara del problema. Según cálculos recientes, los trabajadores sindicalizados suman aproximadamente cinco millones. Si a éstos se añaden otros cinco millones de la Confederación Nacional Campesina (CNC), la Confederación Nacional de Organizaciones Populares (CNOP) y otras que también son miembros corporativos del PRI, resulta que de todas formas 50% de la fuerza de trabajo estaba organizada. De los no organizados una buena parte estaba compuesta por subempleados o desempleados, es decir, por marginados. Si estos sectores hubieran sido capaces de organizarse y articular sus demandas de empleo, vivienda, salud, trabajo, servicios, el sistema casi no hubiera podido hacerles frente. Fue, en cierta medida, labor de las propias organizaciones del PRI y del Estado el seguir llenando este vacío mediante programas relativamente baratos de empleo rural, saneamiento, creación de algunas infraestructuras urbanas, programas de regularización de tenencia de la tierra en asentamientos espontáneos, formación de organizaciones de colonos o cooptación de los líderes naturales. Los partidos de oposición y en particular la izquierda no pudieron avanzar mucho en la organización de esta vasta masa apolítica, pese a que en principio, los marginados debían sentir poca lealtad hacia el régimen y ser sensibles a las banderas de quienes rechazaban el *statu quo*.

En los años setenta el tema del desempleo se convirtió en preocupación nacional prioritaria. Esto se explica en parte por el hecho de que la población del país siguió aumentando a ritmo acelerado —50.6 millones en 1970 y 70 millones en 1980— a pesar de las políticas de planificación familiar y de diversos factores sociales y culturales que empezaron a motivar a las parejas a favor de un tamaño de familia menor al tradicional. A partir de 1975 empezó a descender la tasa de natalidad, y para 1980 el ritmo de incremento demográfico se había reducido de 3.6 a menos de 2.8% anual.

Hasta fechas recientes México era un país rural en donde el propio atraso de los sistemas productivos paliaba el desempleo mediante economías de subsistencia y autoconsumo. Para 1970, sin embargo, 45% de los mexicanos vivía en conglomerados mayores de 15 mil personas, y en 1980 la proporción superó 50%. La emigración del campo a la ciudad parecía incontenible y agudizó los ya numerosos problemas urbanos, sobre todo en la Zona Metropolitana de la Ciudad de México, que al final del periodo contaba con 14 millones de habitantes, y en Monterrey, Guadalajara y Tijuana, y aún en ciudades menores como Coatzacoalcos y Acapulco.

La mayoría de los mexicanos ya no trabajaba directamente la tierra: en 1977 sólo 40% de la fuerza de trabajo estaba dedicada a actividades agropecuarias. Esto produjo, entre otras cosas, que la mayoría de los jóvenes que ingresaban a la fuerza de trabajo debiera buscar ocupación en la industria de transformación o en los servicios; pero la expansión del empleo en estas ramas fue lenta y la demanda de mano de obra se refería crecientemente a trabajadores calificados o semicalificados, y no a fuerza de trabajo sin calificación ni educación como era la que procedía de las áreas rurales. La mayor participación de la mujer en la población económicamente activa también contribuyó a limitar oportunidades de empleo para los hombres. Por lo demás, pocos países han experimentado un incremento tan rápido de su población en edad de trabajar en un sistema económico insuficientemente dinámico y estructuralmente desequilibrado.

El relativo abandono del campo en el pasado inmediato no sólo alentó la emigración rural a las ciudades o hacia Estados Unidos además dio lugar a que la producción de alimentos y de ciertas materias primas no se adecuara al ritmo de la demanda. A ello contribuyó también la falta de estímulo a la agricultura por la vía de precios de garantía y mejoramiento de condiciones de producción en las áreas menos favorecidas y más pobladas. México perdió su autosuficiencia alimentaria y debió recurrir a importaciones masivas de granos, leche en polvo, azúcar y otros productos de consumo básico. Un gran debate en torno a las formas de propiedad más adecuadas para aumentar la producción actualizó la discusión entre quienes apoyaban y quienes atacaban el ejido. El gobierno decidió no alterar la estructura mixta de la propiedad rural, más por motivos políticos que económicos. De cualquier manera, al final del decenio era obvio que el gobierno procuraba hacer esfuerzos extraordinarios para revitalizar la agricultura a través de aumentos en los precios de garantía de ciertos productos alimenticios, la mejora del sistema de crédito rural, el apoyo a la mecanización y la transformación de tierras ganaderas en zonas de cultivo; en fin, a través del esfuerzo por hacer del campo una opción racional para el trabajo y el capital. Todas estas políticas coincidieron en un proyecto ambicioso presentado a principios de 1980: el Sistema Alimentario Mexicano (SAM), que tenía entre sus metas a mediano plazo devolver al país la relativa autosuficiencia en materia alimentaria que había llegado a tener en el pasado, mejorar la conservación y comercialización de productos y elevar los niveles de nutrición de grandes sectores de la población urbana y rural.

Respecto del mundo exterior, los años setenta presenciaron cambios importantes. La política de México se había caracterizado por su naturaleza defensiva y, en cierta medida, pasiva. Los regímenes posrevolucionarios fueron bastante discretos en cuanto a la actuación de México en foros internacionales. Al tomar posesión de su cargo, en diciembre de 1970, el presidente Echeverría dejó entrever que su administración continuaría con esta práctica; sin embargo, poco tiempo después su gobierno se lanzó al campo internacional con brío y por caminos nuevos. La razón principal fue quizá la conciencia de que México había perdido interés para Estados Unidos y que era necesario buscar nuevas oportunidades en el mundo externo, a pesar de los factores geopolíticos. De todas maneras, si a raíz de la segunda guerra mundial había existido una "relación especial" entre ambos países, ésta era cada vez más tenue, como bien lo demostraron algunas acciones norteamericanas: en 1969, sin aviso y de manera abrupta, Washington interfirió en el turismo fronterizo para obligar a México a fortalecer su campaña contra el narcotráfico; en 1971, Estados Unidos hizo caso omiso de las demandas mexicanas en el sentido de que se eximiera a sus productos del gravamen general de 10% decretado por el gobierno de ese país sobre sus importaciones.

Ante lo que México interpretó como una actitud negativa e irreversible de Estados Unidos, el presidente Echeverría consideró necesario propiciar un acercamiento con los países del Tercer Mundo para tratar de arrancar a las naciones desarrolladas en un esfuerzo concertado, las concesiones económicas que con urgencia requerían las economías dependientes y periféricas. También fue importante crear conciencia en México de las condiciones de vida, de las que el país no está exento, imperantes en el mundo en desarrollo, y de los obstáculos internacionales a los que éste hacía frente. Tomada esta decisión no se consideró ya imprudente reavivar tradiciones nacionalistas y antimperialistas; México buscó entonces una posición de liderato que culminó con la adopción por las Naciones Unidas, en diciembre de 1974, de la Carta de Derechos y Deberes Económicos de los Estados, una propuesta mexicana que contenía los principios económicos defendidos por la mayoría de los países subdesarrollados en nombre de la equidad internacional.

En el plano interamericano, México menospreció la dudosa utilidad de la Organización de los Estados Americanos (OEA) y en cambio apoyó con entusiasmo la creación del Sistema Económico Latinoamericano (SELA), organismo destinado a coordinar y defender los precios de las principales materias primas que exportaba la región, promover acciones coordinadas y crear empresas multinacionales latinoamericanas (incluida Cuba), entre ellas la Naviera del Caribe, para competir con las grandes compañías internacionales y disminuir los costos del transporte marítimo. En el plano político, México reactivó sus relaciones con la Cuba socialista y dio apoyo abierto al gobierno chileno de la Unidad Popular presidido por Salvador Allende; cuando éste fue derrocado, México rompió relaciones con los golpistas y recibió a refugiados políticos tanto de Chile como de otros países latinoamericanos. En 1979, México suspendió sus relaciones con el régimen de Somoza y después dio apoyo al gobierno revolucionario de Nicaragua.

En el plano interno, México intentó modificar un tanto las reglas del juego de la inversión extranjera directa y aflojar sus lazos de dependencia. Entre los resultados de esta política están las leyes de Registro de la Transferencia de Tecnología, Uso y Explotación de Patentes y Marcas (1972) y Promoción de la Inversión Mexicana y Regulación de la Inversión Extranjera (1973).

Las bases económicas y financieras del esfuerzo de la administración de Echeverría por lograr un grado mayor de independencia política no eran sanas y la crisis de 1976 marcó un alto súbito en este camino internacional. El gobierno de López Portillo debió buscar, en 1977, el aval del Fondo Monetario Internacional e indirectamente de Estados Unidos para lograr un clima de confianza en la viabilidad económica del país. La participación internacional de México disminuyó notablemente; sin embargo, el muy rápido desarrollo de los nuevos recursos petroleros llevó a que pronto se recuperara el ritmo de crecimiento interno y a que los mercados internacionales de capital dejaran de preocuparse por la posible insolvencia del país.

En las negociaciones con Estados Unidos las tensiones volvieron a aflorar, ahora en torno a las ventas de gas natural y a la presencia en ese país de varios millones de trabajadores mexicanos indocumentados; esta vez, sin embargo, el petróleo dio a México una aparente arma nueva de negociación. Las importaciones masivas de alimentos procedentes de Estados Unidos y la amenaza de un endurecimiento de la política norteamericana hacia los indocumentados resultaron ser flancos débiles de la posición mexicana, pero no impidieron que México usara su petróleo para tener mayor presencia en Centroamérica —tradicionalmente zona de influencia norteamericana—, como tampoco que reafirmara sus relaciones políticas e incluso económicas con Cuba, ni que buscara activamente diversificar sus mercados petroleros para crear lazos de interés con otras potencias industriales y obtener tecnología para nuevas industrias. México se propuso lograr así una mayor flexibilidad en su política internacional.

Al finalizar el decenio de los setenta México parecía reafirmar su carácter de potencia intermedia y buscar disminuir sus lazos de dependencia respecto a su poderoso vecino del norte. A la larga, el buen éxito de esta empresa no dependía solamente de actos de voluntad, sino de la capacidad del grupo dirigente para solucionar los graves problemas internos del país: lograr una economía eficiente, reavivar la agricultura, aumentar la creación de empleos, propiciar una vida política más democrática y conseguir una distribución más equitativa del producto social; en suma, reafirmar la legitimidad del sistema.

Historia mínima de Mexico
se terminó de imprimir en septiembre de 1994
en los talleres de Corporación Industrial Gráfica, S.A. de C.V.,
Cerro Tres Marías 354, Col. Campestre Churubusco,
C.P. 04200, México, Distrito Federal, tel. 544-73-40.
El tiraje de esta edición consta de
5 000 ejemplares más sobrantes para reposición.
Cuidó la edición el Departamento de Publicaciones de
El Colegio de México